ARQUEOLOGIA DO COMANDO NAVAL

A FIGURA DO *TRIERARCHA* NA ERA CLÁSSICA

Editora Appris Ltda.
1.ª Edição - Copyright© 2025 dos autores
Direitos de Edição Reservados à Editora Appris Ltda.

Nenhuma parte desta obra poderá ser utilizada indevidamente, sem estar de acordo com a Lei nº 9.610/98. Se incorreções forem encontradas, serão de exclusiva responsabilidade de seus organizadores. Foi realizado o Depósito Legal na Fundação Biblioteca Nacional, de acordo com as Leis nos 10.994, de 14/12/2004, e 12.192, de 14/01/2010.

Catalogação na Fonte
Elaborado por: Dayanne Leal Souza
Bibliotecária CRB 9/2162

D812a
2025
	Duarte, Alair Figueiredo
	    Arqueologia do comando naval: a figura do trierarcha na era clássica / Alair Figueiredo Duarte. – 1. ed. – Curitiba: Appris, 2025.
	    107 p. ; 21 cm. – (Coleção Ciências Sociais. Seção História).
	
	    Inclui bibliografias.
	    ISBN 978-65-250-7662-1
	
	    1. Arqueologia. 2. Arqueologia histórica. 3. Arqueologia clássica. 4. Trierarcha. 5. Memória do Comando Naval. 6. Memória marítima. I. Duarte, Alair Figueiredo. II. Título. III. Série.
	
	                                                                           CDD – 910

Livro de acordo com a normalização técnica da ABNT

Appris
editora

Editora e Livraria Appris Ltda.
Av. Manoel Ribas, 2265 – Mercês
Curitiba/PR – CEP: 80810-002
Tel. (41) 3156 - 4731
www.editoraappris.com.br

Printed in Brazil
Impresso no Brasil

ALAIR FIGUEIREDO DUARTE

ARQUEOLOGIA DO COMANDO NAVAL

A FIGURA DO *TRIERARCHA* NA ERA CLÁSSICA

CURITIBA, PR
2025

FICHA TÉCNICA

EDITORIAL
Augusto Coelho
Sara C. de Andrade Coelho

COMITÊ EDITORIAL E CONSULTORIAS
Ana El Achkar (Universo/RJ)
Andréa Barbosa Gouveia (UFPR)
Antonio Evangelista de Souza Netto (PUC-SP)
Belinda Cunha (UFPB)
Délton Winter de Carvalho (FMP)
Edson da Silva (UFVJM)
Eliete Correia dos Santos (UEPB)
Erineu Foerste (Ufes)
Fabiano Santos (UERJ-IESP)
Francinete Fernandes de Sousa (UEPB)
Francisco Carlos Duarte (PUCPR)
Francisco de Assis (Fiam-Faam-SP-Brasil)
Gláucia Figueiredo (UNIPAMPA/ UDELAR)
Jacques de Lima Ferreira (UNOESC)
Jean Carlos Gonçalves (UFPR)
José Wálter Nunes (UnB)
Junia de Vilhena (PUC-RIO)

Lucas Mesquita (UNILA)
Márcia Gonçalves (Unitau)
Maria Margarida de Andrade (Umack)
Marilda A. Behrens (PUCPR)
Marília Andrade Torales Campos (UFPR)
Marli C. de Andrade
Patrícia L. Torres (PUCPR)
Paula Costa Mosca Macedo (UNIFESP)
Ramon Blanco (UNILA)
Roberta Ecleide Kelly (NEPE)
Roque Ismael da Costa Güllich (UFFS)
Sergio Gomes (UFRJ)
Tiago Gagliano Pinto Alberto (PUCPR)
Toni Reis (UP)
Valdomiro de Oliveira (UFPR)

SUPERVISORA EDITORIAL
Renata C. Lopes

PRODUÇÃO EDITORIAL
Bruna Holmen

REVISÃO
Simone Ceré

DIAGRAMAÇÃO
Bruno Ferreira Nascimento

CAPA
Carlos Pereira

REVISÃO DE PROVA
Daniela Nazario

COMITÊ CIENTÍFICO DA COLEÇÃO CIÊNCIAS SOCIAIS

DIREÇÃO CIENTÍFICA Fabiano Santos (UERJ-IESP)

CONSULTORES Alícia Ferreira Gonçalves (UFPB)
Artur Perrusi (UFPB)
Carlos Xavier de Azevedo Netto (UFPB)
Charles Pessanha (UFRJ)
Flávio Munhoz Sofiati (UFG)
Elisandro Pires Frigo (UFPR-Palotina)
Gabriel Augusto Miranda Setti (UnB)
Helcimara de Souza Telles (UFMG)
Iraneide Soares da Silva (UFC-UFPI)
João Feres Junior (Uerj)

Jordão Horta Nunes (UFG)
José Henrique Artigas de Godoy (UFPB)
Josilene Pinheiro Mariz (UFCG)
Leticia Andrade (UEMS)
Luiz Gonzaga Teixeira (USP)
Marcelo Almeida Peloggio (UFC)
Maurício Novaes Souza (IF Sudeste-MG)
Michelle Sato Frigo (UFPR-Palotina)
Revalino Freitas (UFG)
Simone Wolff (UEL)

O mar não é um obstáculo: é um caminho.
(Amyr Klink, Rio-92)

AGRADECIMENTOS

Ao encerrarmos mais uma etapa dos infinitos ciclos que compõem nossa trajetória acadêmica, por dever moral somos impelidos a apresentar nossos agradecimentos àqueles que contribuíram para a efetiva realização da presente obra.

Nossos agradecimentos ao Programa de Pós-Graduação em História Política da Universidade do Estado do Rio de Janeiro (PPGH-UERJ), que depositou crédito à pesquisa originária desta publicação. Em especial gostaria de dirigir meu abraço forte e fraterno aos professores doutores Silvio de Almeida (PPGH-UERJ) e Paulo André Leira Parente (UNIRIO), que realizaram a leitura crítica do projeto inicial. Nessa toada, também agradecemos a Prof.ª Dr.ª Tania Bessone (PPGH-UERJ), que fez a leitura pública do parecer de aprovação do projeto de pós-doutoramento junto à reunião colegiada do PPGH-UERJ e ao Prof. Dr. Pedro Paulo Funari (UNICAMP), o qual prefaciou este livro. Não poderia deixar de agradecer também a Prof.ª Dr.ª Maria Regina Candido (PPGH-UERJ), amiga de longa data, a qual supervisionou toda a pesquisa e faz a apresentação desta obra. Em sequência, dirijo meus agradecimentos ao Núcleo de Estudos da Antiguidade da UERJ – minha casa acadêmica por mais de duas décadas –, minha gratidão por me possibilitar um constante aperfeiçoamento acadêmico. Por fim e de modo intenso, dirijo meus agradecimentos a Vanessa e Antônio, "oásis" nos "desertos" que tantas vezes a vida me impôs atravessar!

A Antônio Medeiros Duarte.

PREFÁCIO

O MAR, A CIVILIZAÇÃO GREGA, ARISTOCRACIA E PLUTOCRACIA

O mar constitui um grande desafio, prenhe de oportunidades, mas sempre imprevisível e à espreita. Fascina e amedronta, atrai e afasta. Nosso termo, *mar*, deriva do latino *mare*, um substantivo neutro, daí o nosso uso de mar no masculino. *Mare* pode vir de uma raiz relacionada ao brilho da água salgada, ou algo líquido e que pode levar ao afundamento, não se sabe bem. Mas e se o mar for feminino, como em francês? Baudelaire (1857) deixou-nos um poema que trata, de maneira ambígua, de mar (*la mer*) e mãe (*la mère*), duas palavras com mesma pronúncia em francês:

L'homme et la mer
Charles Baudelaire

Homme libre, toujours tu chériras la mer!
La mer est ton miroir; tu contemples ton âme
Dans le déroulement infini de sa lame,
Et ton esprit n'est pas un gouffre moins amer.

Tu te plais à plonger au sein de ton image;
Tu l'embrasses des yeux et des bras, et ton coeur
Se distrait quelquefois de sa propre rumeur
Au bruit de cette plainte indomptable et sauvage.
Vous êtes tous les deux ténébreux et discrets:

Homme, nul n'a sondé le fond de tes abîmes;
Ô mer, nul ne connaît tes richesses intimes,
Tant vous êtes jaloux de garder vos secrets!

Et cependant voilà des siècles innombrables
Que vous vous combattez sans pitié ni remord,
Tellement vous aimez le carnage et la mort,
Ô lutteurs éternels, ô frères implacables!

Homem livre, hás de sempre estremecer o mar!
O mar é teu espelho, e assim tu'alma sondas
Nesse desenrolar das infinitas ondas,
Pois também és um golfo amargo e singular.

Apraz-te mergulhar ao fundo de tua imagem!
Nos braços e no olhar a tens; teu coração
Às vezes se distrai da interna agitação
Ouvindo a sua queixa indômita e selvagem.

Anúncios

Denunciar este anúncio
Sempre fostes os dois reservados e tredos:
Homem – ninguém sondou as tuas profundezas;
Mar – ninguém te conhece as íntimas riquezas;
Tão zelosos que sois de guardar tais segredos.

Já séculos se vão, contudo, inumeráveis
Em que lutais sem dó um combate de fortes;
E como vós amais os massacres e as mortes,
Ó eternos rivais, ó irmãos implacáveis!

Tradução de Ivo Barroso[1]

---

[1] Ver em: https://poesiaspreferidas.wordpress.com/2017/11/28/o-homem-e-o-mar-charles-baudelaire/.

Na tradução, perde-se a oposição masculino (homem) e feminino (mar ou mãe), mas mantém-se a ambígua atração e repulsa. Para os gregos antigos, de maneira semelhante, θάλασσα, *thálassa*, é uma palavra no feminino, de origem controversa, talvez relacionada a ἅλς (*háls*, sal), já que podia se referir à água salgada, também. O mar estava em tudo no mundo grego antigo (Aston, 2016), Μέγα το της θαλάσσης κράτος, como coloca Tucídides (1, 143, 5) na boca de Péricles (Perysinakis, 2015), "grande é a força do mar". A *Ilíada* e a *Odisseia* estão sempre às voltas do mar, um filósofo como Platão fala do nosso mar, para se referir àquele da vizinhança – καὶ λίμνην ποιεῖ μείζω τῆς παρ' ἡμῖν θαλάττης (Plat. Phaedo 113a) ["faz um lago maior de que o nosso mar (Mediterrâneo)" (Platão, Fédon 113a)] –, muito antes do *mare nostrum* latino, que se referia, também, ao mar navegado, nas proximidades, sem ter a implicação moderna política que se atribui muitas vezes. O *mare nostrum* não era aquele todo dominado pelo Império Romano, era o mar das redondezas. O nosso mar nunca dependeu de um império que o unificasse, essa é uma invenção historiográfica imperialista moderna.

Se todo o mundo mediterrâneo antigo girava em torno ao mar, tanto nas viagens e nos assentamentos como também no imaginário, no mundo grego isso foi particular. O sistema de *apoikiai*, assentamentos em geral chamados colônias (Esposito; Pollini, 2018), cobria uma área imensa, do Mar Negro ao Norte da África, da península Ibérica à Ásia Menor. O auge de Atenas deu-se por meio da sua conexão marítima. Alair Figueiredo Duarte brinda-nos com um estudo sobre o período seguinte a esse ápice e anterior ao domínio macedônico, entre 377 e 357 a.C., com a Segunda Liga Ateniense, centrado no comando naval do τριήραρχος, trierarca, como rico financiador ou como comandante de frota. Para isso, utiliza-se de conceitos como interdependência e profissão naval, este oriundo do sociólogo Norbert Elias (1897-1990), em clara ousadia teórica ao associar um estudioso de outro contexto histórico ao mundo antigo. Elias (1950), ainda jovem, enfatizava os aspectos antropológicos e culturais do mundo naval. A sociabilidade da vida na água inspirou Alair Figueiredo Duarte a uma abordagem original. Em seguida, a interdependência procura dar conta da imensa conectividade desse mundo em mutação, ao estarem todos pendurados (*pendo*, em latim) uns nos outros (*inter*, entre). Na conclusão, há tanto tradição aristocrática como prática plutocrática no comando naval, em saudável proposta de amálgama de práticas voltadas ao status e ao lucro (*kernos*). O livro fornece, ainda, um útil glossário, de modo a facilitar a leitura para o público culto em geral, para além dos estudiosos. Sai-se da sua leitura do livro com vontade de conhecer mais, a explorar ainda mais aspectos da maritimidade humana. Nada mais estimulante: boa leitura!

Pedro Paulo A. Funari

Bacharel em História (1981), mestre em Antropologia Social (1986) e doutor em Arqueologia (1990), sempre pela USP. Livre-docente em História (1996) e professor titular (2004) da Unicamp, coordenador do NEPAM (05/2014), professor de programas de pós da UNICAMP e USP, Distinguished Lecturer University of Stanford, Research Associate - Illinois State University, Universidad de Barcelona, Université Laval (Canadá). Líder de grupo de pesquisa do CNPq, assessor científico da FAPESP, orientador em Stanford e Binghamton, foi colaborador da UFPR, UFPel, docente da UNESP (1986-1992) e professor de pós das Universidades do Algarve (Portugal), Nacional de Catamarca, del Centro de la Provincia de Buenos Aires e UFRJ. Tem experiência na área de História e Arqueologia, com ênfase em História Antiga e Arqueologia Histórica, além de Latim, Grego, Cultura Judaica, Cristianismo, Religiosidades, Ambiente e Sociedade e Estudos Estratégicos.

Referências

ASTON, Emma. The Sea in the Greek Imagination. *Kernos*, [*s. l.*], n. 29, p. 467-469, 2016.

ELIAS, Norbert. Studies in the Genesis of the Naval Profession. *The British Journal of Sociology*, [*s. l.*], v. 1, n. 4, p. 291-309, 1950. DOI: https://doi. org/10.2307/586890.

ESPOSITO, Arianna; POLLINI, Airton. Diáspora, colônia, colonização: desafios e questões de um léxico. *Cadernos do LEPAARQ* (UFPEL), Pelotas, v. 15, n. 19, p. 118-134, jan./jun. 2018.

PERYSINAKIS, Ioannis N. «Μέγα τὸ τῆς θαλάσσης κράτος» (Θουκ. I 143, 5): αρχαιολογία της ιδέας. *HISTORIKA Studi di storia greca e romana*, [*s. l.*], v. 5, p. 387-404, 2015.

APRESENTAÇÃO

O livro *Arqueologia do comando naval: a figura do trierarcha na Era Clássica* escrito pelo Prof. Alair Figueiredo é uma obra que traz informações sobre a organização naval e a função da *trierarchia* na Atenas Clássica. Este livro é resultado de uma longa pesquisa e oferece uma análise detalhada sobre como a Cidades-Estado na Hélade – com foco sobre Atenas – estruturavam e operavam sua marinha na Era Clássica a partir das relações políticas dos seus cidadãos.

Através de uma pesquisa meticulosa, o autor explora diversos aspectos cruciais, como: histórico militar, mentalidade marítima e naval, além da importância que a manutenção de uma esquadra desempenhava, tanto para manter a defesa quanto expandir sua zona de influência, bem como manter sua rede de conectividades no Mediterrâneo Antigo. A estrutura da *trierarchia*, sistema cujo cidadãos ricos eram encarregados de equipar e manter trirremes – o famoso navio de guerra com três filas de remos – destaca o impacto social e econômico que exercia sobre a comunidade ateniense. A partir da análise desses dados, torna-se possível considerar o equilíbrio de poder e a responsabilidade entre os segmentos sociais diante dos eventos históricos, tais como batalhas e campanhas navais específicas, proporcionam dados que ilustram o funcionamento da *trierarchia* e a eficácia da marinha ateniense.

O Prof. Alair Figueiredo destaca a importância do comando naval e da *trierarchia* como elementos fundamentais na história de Atenas, revela como essa instituição não apenas moldou o poder marítimo ateniense, mas também influenciou a estrutura social e política da cidade. Logo, esta obra de excelência torna-se indispensável para estudantes e pesquisadores de história antiga, oferecendo uma visão aprofundada e bem fundamentada da marinha ateniense e suas complexidades. O livro também contribui para o entendimento das dinâmicas sociopolíticas da Atenas clássica, proporcionando uma análise rica e detalhada que serve de referência para estudos futuros.

Prof.ª Dr.ª Maria Regina Candido

Professora titular de História Antiga e Medieval do Departamento de História da UERJ. Possui doutorado em História Social pela Universidade Federal do Rio de Janeiro (2001) com estágio na Escola Francesa de Atenas/Grécia (EFA), mestrado em História Social pela Universidade Federal do Rio de Janeiro (1995), graduação em História/UFRJ e Comunicação Social/Jornalismo na Faculdade Estácio de Sá. Coordenadora do Núcleo de Estudos da Antiguidade/ NEA/UERJ (P.710/SR-3) e coordenadora do curso de especialização de História Antiga e Medieval/CEHAM da UERJ (Lato Sensu). Coordenação do PPGH/ UERJ de 2019-2021. Pesquisadora de Produtividade do CNPq. Atuou como avaliadora do INEP/MEC 2006 - 2017 na área de Comunicação Social e História. Participa dos programas de pós-graduação em História/PPGH da UERJ e em História Comparada/PPGHC/UFRJ. Tem experiência na área de História, Filosofia, Antropologia e Arqueologia com ênfase em sociedades antigas grega e romana. Interage com a área de Teoria e Metodologia na construção do conhecimento em História aplicados principalmente nos temas sobre: rituais, práticas mágicas, análise do discurso, práticas sociais, política e na recepção dos estudos clássicos.

SUMÁRIO

INTRODUÇÃO.. 21

CAPÍTULO I
MEMÓRIA MARÍTIMA:
ARCHEOLOGIA DO COMANDO NAVAL E JOGO POLÍTICO....31

CAPÍTULO II
GRUPOS POLÍTICOS, GASTOS NAVAIS E CONFIGURAÇÃO
SOCIAL AO INÍCIO DO SÉCULO IV A.C. 49

CAPÍTULO III
TEIAS DE INTERDEPENDÊNCIAS DO TRIERARCHA:
CONTATOS ENTRE AS REGIÕES DO MAR EGEU
AO MAR NEGRO.. 65

CONCLUSÕES.. 75

DOCUMENTAÇÃO E BIBLIOGRAFIA GERAL............................. 79

GLOSSÁRIO 89

INTRODUÇÃO

Desde eras remotas o território marítimo helênico – denominado *thalassa* – sempre esteve presente no cotidiano dos gregos. Não é difícil encontrarmos, nos sítios arqueológicos da Creta Minoica, imagens da fauna e da flora marítima adornando objetos de cerâmica e afrescos nos palácios cretenses. Essas imagens já estavam presentes no universo helênico e do Oriente Próximo vinte séculos anteriores a Cristo, o grande marco referencial histórico ocidental (Corvisier, 2008, p. 18). Desse modo, a *thalassa* protagonizou narrativas míticas helênicas e dominou o eixo de contatos político-culturais marítimos entre os helenos na Antiguidade — sem soar estranho, a quem se propõe a analisar essas relações, que por vezes ela assuma arquétipos de conduta. Ou seja, definir quem eram os homens da *thalassa* e por que viviam nela e para ela.

A topografia marinha da Hélade era formada por diversas ilhas e possuía imensa extensão geográfica. Por isso, não deve ser elemento sem importância nas análises sociopolítica, comercial e cultural empreendidas pelos pesquisadores helenistas. Para os gregos, a *thalassa* tratava-se de um meio de exercer poder e oportunidade para contatos. Não seria ousadia afirmar que os mares helênicos sedimentavam identidades, pois é possível identificar nos discursos de Homero a Apolônio de Rodes que a *thalassa* protagoniza tramas e disputas pelo poder.

Nas narrativas homéricas, Odysseus singrou mares em companhia de fiéis companheiros, desbravou diversas rotas até reencontrar o solo pátrio (Homero. *Odis*, XV, 240-245). Séculos após Homero, a *memória marítima dos gregos* permanecia viva, pois Apolônio de Rodes, no período helenístico, através da sua narrativa poética apresenta Jasão percorrendo imenso *périplo* pelos mares helênicos, até que conquistasse o *Velocino de Ouro* e retornasse ao solo pátrio e reclamasse o seu trono, usurpado pelo seu tio Pélias[2].

Os argonautas trata-se de uma poesia épica escrita por Apolônio de Rodes em aproximadamente 250 a.C. que manteve viva a *memória marítima dos gregos*. Quando tomamos o conceito de *memória*, inserido nas reflexões instituídas por Jacques Le Goff, identificamos que a *memória* age como um referencial do passado (Le Goff, 1990, p. 40) e, para os gregos, não atua apenas como referencial histórico, ela se amálgama à própria identidade e História. Desse modo, os helenos vivenciavam sua relação com o divino e forças da natureza dando-lhes um processo de *imanência*[3], no qual os homens e os demais elementos que compõem o *Cosmos*[4] encontram-se imbricados. Nessa toada, os feitos marítimos não eram apenas ações banalizadas de um passado vivido, mas, sim, elementos vivos que não estavam submetidos ao esquecimento. As ações e os feitos marítimos dos gregos, embora compusessem reminiscências das ações do passado, à medida que eram rememorados tornavam-se presentes e serviam para motivar novas práticas, das quais a *thalassa* era a grande protagonista, e, por tudo isso, sedimentavam a *memória marítima*.

Definimos *memória marítima* como o conjunto de elementos que preservam a vivência e os feitos dos homens junto à *thalassa*, cuja lembrança dos seus feitos os mantém motivados a executar antigas e novas práticas conectadas ao ambiente marítimo. Desse modo, ficam inseridos de modo estrutural e conjunturalmente uma mentalidade

---

[2] Jasão era membro de uma linhagem nobre. Seu avô, Creteu, era fundador do trono de Lolcos, uma cidade da mitologia grega localizada também na Tessália. O trono foi passado para o tio de Jasão, Pélias, que temia a profecia de ser morto por seu sobrinho. Para fugir de seu suposto destino, Pélias enviou Jasão para uma missão quase impossível, que era trazer o Velocino de Ouro, a lã de ouro do carneiro alado Crisómalo, de Cólchida, região localizada no sul do Cáucaso, muito distante. Essa era a condição estipulada por Pélias para que seu sobrinho restituísse o trono.

[3] Imanência - imanente (lat. tardio *immanentia, immanens, de immanere*: ficar no lugar). Qualidade daquilo que pertence ao interior do ser, que está na realidade ou na natureza. A oposição imanência/ transcendência pode ser aproximada da oposição interior/exterior. Diz-se que é "imanente" aquilo que é interior ao ser, ao ato, ao objeto de pensamento que consideramos. No parenteísmo, Deus é imanente ao mundo, quer dizer, encontra-se em toda parte, confunde-se com o mundo (Japiassú; Marcondes. 2001, p. 101).

[4] Designa, na linguagem filosófica, o mundo enquanto é ordenado e se opõe ao *caos* (Japiassú; Marcondes, 2001, p. 101).

e sentimento de pertencimento ao universo marítimo. Uma vez conectado à *thalassa,* os homens a colocam no epicentro dos seus interesses; tornam o mar uma entidade simbólica da sua identidade e cultura. A *thalassa* passa a ser compreendida como meio pelo qual é possível se conectar, obter subsistência, praticar comércio e, em se tratando de assuntos bélicos, exercer poder sobre adversários.

Em razão de a *thalassa* se configurar como um acidente geográfico, os centros comunitários que possuem acesso aos seus recursos acabam sendo privilegiados pela natureza, da qual a topografia marítima iconograficamente ganha contornos nos mapas e discursos épicos nas poesias. Ou seja, fornecem sentido às narrativas míticas.

A topografia marítima inspirou narrativas míticas, fazendo-se manifestar no campo das artes através de poesias, afrescos e pinturas em cerâmica, assim como no desenvolvimento da engenharia naval e demais conhecimentos ou práticas que envolvam a náutica e o mar. A partir da *memória marítima* e suas manifestações ou representatividades, fica perceptível e evidenciado que o *elemento desencadeador* para a construção do poema *Argonautika*, de Apolônio de Rodes, foi a *thalassa.* Os fins do discurso inserido na *Argonautika,* como nos demonstra a análise inserida sobre a documentação, seria resgatar feitos e ideais heroicos marítimos comuns ao discurso homérico e próprios ao universo dos *andres agathoi*[5]. Tais ideais estimulavam e atendiam as aspirações de alinhar posturas e ações consideradas virtuosas ao caráter dos homens, principalmente ao que dizia respeito à *arché do comando naval* (a *trierarchia*). É mister mencionarmos que o uso do termo *arché* ou *archeologia do comando naval e comando marítimo*[6] toma o sentido que os gregos adotavam para se referir a qualquer evento distante de sua época, mesmo quando se referiam as suas instituições políticas e sociais mais remotas (Langer, 1999, p. 95). É inserido nesses fundamentos que o Livro I da *História da*

---

[5] Termo usado pela helenista Maria Regina Candido, do PPGH-UERJ, para definir a relação de *philia* entre os *aristhos* na Era Clássica, que buscavam manter tradições e práticas ancestrais do ciclo aristocrático dos Heróis, diversificando-se dos ricos emergentes, chamados *oligoi.*

[6] Compreenda-se a distinção entre comando naval e comando marítimo, enquanto o emprego do termo *comando naval* se refere a questões de interesses estritamente bélico; *comando marítimo* se refere a questões mais amplas que envolvem comércio e questões de interesse marítimo.

Guerra do Peloponeso, de Tucídides, irá receber da historiografia a alcunha de *Archeologia*, pois o historiador grego busca abordar os feitos marítimos dos cretenses, deixando transparecer, através da *memória marítima*, de onde provinha a inclinação da pólis de Atenas em se voltar para o mar, como se atenienses no século V a.C. houvessem herdado dos minoicos e cultura marinheira helênica, uma tradição marítima que transpassava os séculos.

Os épicos homéricos descreveram os arquétipos do herói helênico, o qual serviu como espelho para a conduta dos *kalos agathoi* (belos e bem-nascidos), em sua época, assim como na Era Clássica e Helenística. O ícone homérico de herói se manteve vivo por meio de um *discurso memória*, pois Homero recorre à Era do Bronze, período da sua ancestralidade, visando lembrar aos homens da sua época os valores e as virtudes que deveriam ser sempre lembradas. Tal qual tivemos a oportunidade de observar em Homero, o discurso que se apoia na *memória* pode ser percebido em períodos póstumos, a exemplo de Tucídides, na Era Clássica, e Apolônio de Rodes, na Era Helenística. Na obra de Apolônio de Rodes fica evidenciada a busca por ratificar o passado e a tradição marítima helênica. O discurso serve também para legitimar políticas marítimas adotadas ao longo da História helênica e que se mantiveram vivas até o período em que o poema *Argonautika* foi transcrito.

A polêmica que envolve o discurso da *Argonautika* traz a saga de Jasão, um herói que teve o trono usurpado pelo tio e se viu motivado a enfrentar desafios desconhecidos em um reino distante – Colchida. Para que pudesse ocupar seu lugar de direito no solo pátrio, Jasão deveria conquistar o Velocino de Ouro. Nessa difícil tarefa, Jasão comissionou um grupo de *aristhos* para cumprir sua missão, atravessando os perigos e mistérios da *thalassa* (Apol. Rodes. *Argonaut.* I, 20-250).

Jasão figura como comandante da *Argos*, embarcação que foi construída pelo *naupegoi* (carpinteiro naval) *Argos*, sob inspiração da deusa Athená. O status de comandante ocupado por Jasão, a bordo da embarcação, destaca seu nicho social e sua posição proeminente dentro do seu corpo comunitário. Na antiguidade helênica, obter um comando naval tratava-se de uma imensa honraria, pois exigia do indivíduo uma série de virtudes, dentre elas: *peithó* (talento em proferir palavras e discursos); boa linhagem familiar; recursos financeiros; boas alianças políticas e prestígio junto a todos os segmentos sociais que compunham o corpo de cidadãos.

Embora o poema *Argonáutica* tenha sido composto na Era Helenística, nos permite analisar o contexto social de produção das décadas iniciais do século IV a. C. a partir do discurso envolvendo a *memória marítima helênica*. Em conformidade com a *memória marítima helênica*, há toda uma tradição épica idealizada por Homero que se materializa através do *périplo* marítimo percorrido por Odysseus. Nesse processo, o fato de Jasão buscar auxílio entre seus pares – *andres agathoi* – para enfrentar os perigos ocultos da *thalassa* destaca seu prestígio e liderança, capaz de reunir proeminentes personalidades de diversos lugares da Hélade. Tal feito também nos remete a repensar as atribuições da *trierarchia*[7] em Atenas, durante o Período Clássico, por ocasião da *Segunda Liga Ateniense*[8].

A Segunda Liga Ateniense foi instaurada em 378 a.C., e a pólis demonstrava potencial para recuperar o protagonismo político, do qual fora detentora no século V a.C. antes de ser derrotada por Esparta na Guerra do Peloponeso. A atual configuração política da Hélade, atrelada à situação frágil que o tesouro ateniense enfrentava, não permitia que a pólis se lançasse isoladamente em um projeto ousado de expansão de domínios, como ocorreu na primeira metade do século anterior.

No século anterior, entre 478 e 463 a.C., período em que se instaurou a Coyna Délica[9], as campanhas marítimas comandadas por

---

[7] Magistratura ateniense, na qual o indivíduo eleito deveria comissionar uma embarcação de guerra *trieres* e pagar o soldo a sua tripulação, durante um ano.

[8] Coalização marítima helênica criada em 378 a.C. com finalidade de se opor ao domínio lacedemônio das cidades-membros: Quíos, Tebas, Bizancio, Metina, Mitilene, Rodes, Cálcidia e cidades da ilha da Eubeia.

[9] Usamos o termo *Coyna* referindo à prática helênica de *coynonia*, ou seja: reunir-se em prol de um elemento identitário e interesse comum. Após as Guerras Greco-Pérsicas, grupos jônios constituíram uma coalisão marítima visando dissuadir novas tentativas de invasão sobre o território grego por parte dos persas. Atenas foi eleita para liderar essa coalisão, que tinha como centro gravitacional de poder a ilha de Delos, na região central do Mar Egeu. A região marítima que constituía o Mar Egeu em eras mais remotas era denomina de Mar Iônico, em referência a Ion, o herói ancestral dos grupos helênicos jônios. A Coyna Délica é popularmente conhecida pela historiografia como Liga Délica.

Cimon estabilizaram a *thalassocracia ateniense*[10] e definiram a hegemonia política da pólis através do mar. O exemplo mais expressivo do poder marítimo ateniense pôde ser percebido na batalha naval de Eurimedonte, em 468 a.C. Nessa ocasião, a pólis "quebrou a espinha dorsal" da frota persa e deu a Atenas o controle sobre a faixa ocidental da Ásia Menor (Mossé, 2000, p. 65).

Cimon, como comandante naval, detinha todas as virtudes compatíveis para exercer uma *trierarchia,* pois era oriundo de uma família de posses, detinha boas alianças políticas e gozava de expressivo prestígio social. Diante da sua disputa política com Péricles, Cimon investiu em se aproximar dos cidadãos abastados, que compunham a elite social ateniense, contrastando com o apoio que o adversário recebia das massas. Do embate envolvendo Péricles e Cimon, o que podemos apreender dos assuntos atinentes ao comando naval é que não basta ser dotado de recurso e expertise marítima para exercer o bom comando. Para que um bom comando naval se efetive, é extremamente necessário deter o apoio da sua tripulação, incluindo nessa prerrogativa as massas de remadores que movimentam os *trieres* e não integram a *yperisiai* (Estado-Maior do *trierarcha*). Esses remadores eram componentes dos segmentos menos providos de recursos na comunidade ateniense e formavam a maioria do corpo de cidadãos em um sistema democrático de governo.

Em se tratando da *Argonautika,* o discurso de Apolônio de Rodes denota a necessidade de as pólis marítimas – a exemplo de Atenas, além de Rodes – deterem *bons comandos marítimos*. Podemos identificar as motivações do sujeito locutor quando traz à evidência a reminiscência do *bom comando naval,* nos permitindo observar contrastes que envolvem o *bom comando naval* e sua relação com as *nautai plethos* – massa marítima.

O *bom comando naval* deveria ser ocupado por alguém detentor de virtudes, tais como *peithó*. Ou seja, deter o dom da palavra,

---

[10] Poder marítimo que se estabelece a partir de uma força bélica no mar, permitindo a realização do comércio e dissuadindo inimigos e piratas no mar. Para nós, o conceito de *talassocracia* não se restringe à hegemonia comercial das rotas marítimas. Há necessidade de domínio naval [uso militar] e comercial, como são definidos por Alfred Tayer Mahan em *The Influence of Sea Power upon History 1660-1783,* de 1890, para definir o conceito de *Sea Power*.

ARQUEOLOGIA DO COMANDO NAVAL

demonstrando ser capaz de selar boas alianças e convencer sua tripulação a segui-lo onde quer que tenha sido determinado ir. Também era exigida do *bom comando naval* a coragem de ousar, sem que descuidasse ou ameaçasse as finanças e firmasse alianças sólidas em benefício da sua comunidade. Nessa toada, nas primeiras décadas do século IV a.C., Atenas se articulou para se contrapor à hegemonia espartana após sua derrota na Guerra do Peloponeso, em 404 a.C.

Tendo sido vencida em um conflito que durou vinte e sete anos, Atenas estava economicamente frágil e dependente de alianças para conseguir oferecer oposição e resistência aos seus adversários espartanos. A força bélica, econômica e política de Atenas estava "ancorada", havia um século, no seu potencial marítimo e por isso teve sua marinha desmobilizada ao perder a guerra contra Esparta e sua economia devastada. Além de adquirir meios que fossem capazes de assegurar recursos para a *autarcheia* da sua comunidade, manter uma frota em condições operacionais exigia altas somas do tesouro políade. Embora a História Econômica não seja o epicentro dos nossos estudos, não podemos deixar de discorrer sobre o impacto das finanças navais sobre a administração e a economia da pólis. É diante desse cenário, que a articulação dos cidadãos proeminentes, que integram o corpo cívico, encontra oportunidade para obter projeção política. Dentro do *jogo* político ateniense, um cidadão proeminente deveria, além do exercício pragmático do poder, se apresentar como provedor e garantir a *autarcheia* comunitária. Assim, o proeminente cidadão obteria prestígio político suficiente para influenciar e controlar as instituições na pólis. Quanto maior fosse seu prestígio, maior seria a potencialidade em ter o nome renovado para exercício das magistraturas através de mandatos. Nesse *jogo,* além da legitimidade para exercer o poder sobre as instituições, o proeminente cidadão sedimentava-se, no seio da *memória coletiva* da pólis, como um benfeitor público.

Vicent Gabrielsen é um dos poucos pesquisadores que se dedicou a discutir a natureza da *trierarchia* como *liturgia* (financiamento de um bem público como festivais religiosos ou coro teatrais) e não apenas como ação voluntária, voltada à vantagem pessoal e isolada do indivíduo (Gabrielsen, 1994). Ao movimentar o olhar sobre as finanças, a *trierarchia* pode ser vista como articulação política que alimenta todo um sistema. O combustível capaz de movimentar esse sistema seria nutrido por duas forças motoras: poder e prestígio.

Dentro de um estudo de caso, o setor naval dependia do apoio financeiro dos cidadãos mais abastados e, em razão de os dados sobre o tema estarem fragmentários, torna-se complexo chegar a valores exatos[11] sobre os custos envolvidos na construção de um *trieres* ou de quanto precisamente se gastaria para equipá-lo. Também é difícil determinar qual o valor mínimo de recursos para que alguém fosse indicado ou se candidatasse ao cargo de *trierarcha* (Pack, 2001, p. 1). Acreditamos que a principal dificuldade para se chegar a valores exatos repousa no fato de haver *trieres* financiados pela administração políade e outros pertencentes a um cidadão, de forma privada. A questão é interessante, pois pode determinar diferenças entre tipologias de *comando naval*. Importante destacarmos que, por ser pela sua origem uma embarcação construída para a guerra, o comandante de um *trieres* é sem sempre um comandante naval, embora possa estar desempenhando uma atividade mercantil. Entre os *trierarchas* havia aqueles que eram homens com uma cultura marinheira genuína – dotados de expertise naval – e aqueles que eram apenas financiadores, devido a receberem a incumbência cívica. Muitos cidadãos abastados com *know-how* marinheiro traz o debate sobre a origem social do *trierarcha,* se os comandantes navais em Atenas eram sempre oriundos de aristocracia que detém sua riqueza de uma linhagem familiar ou se poderiam ser emergentes oligarcas, cuja origem da fortuna advinha das relações de comércio.

Clínias foi um *trierarcha,* mencionado por Heródoto, possuidor de um *trieres* particular e com tripulação comissionada por meios próprios (Heródoto, VIII: 17). Embora nenhum exemplo idêntico ao de Clínias tenha sido mencionado em outros relatos dos séculos V e IV a.C., há possibilidades de que essa prática tenha sido comum a partir de 481 a.C., pois destacou-se de modo suficientemente claro

---

[11] Embarcação com três níveis de remadores sobrepostos, que teria sido criada pelos corinthios entre 704 e 50 a.C., segundo Tucídides (I: 13).

para Heródoto considerá-la digna de menção (Gabrielsen, 1994, p. 1). A questão envolvendo Clínias torna-se pertinente, pois remete à *memória do bom comando naval*, inserindo-se nas questões atinentes a nossa problemática, a qual busca identificar as verdadeiras funções e deveres do *trierarcha*. Causa-nos estranheza que um cidadão de posses e prestígio, capaz de manter diversas alianças políticas dentro e fora da pólis use dos seus recursos financeiros para construir barcos sem algum tipo de compensação.

Visando dar luz às atribuições da *trierarchia*, procuramos analisar a *memória naval* a partir do discurso épico presente no poema *Argonautika*, de Apolônio de Rodes, cotejada a política social e geopolítica ateniense ao início do século IV a.C., sob os preceitos teóricos *jogo, teia de interdependência* e *configuração social*, presentes na obra *A gênese da profissão naval*, do sociólogo alemão Norbert Elias.

No que concerne à abrangência da magistratura da *trierarchia,* nosso recorte temporal incide sobre 377 a 357 a.C., quando há reestruturação da política marítima ateniense após o estabelecimento da *Lei de Periandro*, permitindo a divisão pecuniária para a manutenção da *trierarchia* em Atenas. Nesse contexto, embora seja questão pacificada entre a historiografia que o *trierarcha* deveria financiar a construção de uma embarcação de guerra do tipo *trieres*, questionamos as dimensões das suas atribuições, tanto quanto as motivações que levariam um rico e proeminente cidadão a se voluntariar a investir e assumir o comando dessas embarcações sem o retorno do seu investimento por parte da administração políade.

CAPÍTULO I

MEMÓRIA MARÍTIMA: ARCHEOLOGIA DO COMANDO NAVAL E JOGO POLÍTICO

O sociólogo alemão Norbert Elias, na obra *The genesis of the naval profession,* de 2007, narra a crescente complexidade da guerra no mar na Era Moderna, principalmente no que tange à revolução militar ocorrida nos séculos XV e XVI e que teria impulsionado o alto oficialato a não ficar restrito aos membros da nobreza britânica. O contexto socialmente analisado por N. Elias volta-se para analisar como alguns corsários, tal qual Francis Drake, obtiveram sucesso diante das condições sociopolíticas vigentes na Inglaterra elisabetana. Essas relações políticas, em grande parte, estavam associadas à demonstração de expertise marítima, que permitiu o ingresso de homens oriundos dos "baixos postos" ao comando naval na marinha britânica. Esses indivíduos traziam experiência e prática necessária para conduzir um navio, fosse através do comércio marítimo, na pesca ou na pirataria (Elias, 2007).

A abordagem realizada por Norbert Elias, que busca compreender as relações político-sociais na sociedade britânica na Era Moderna, nos permite refletir e aplicar seus preceitos teóricos junto à sociedade ateniense ao final do século V e início do século IV a.C. Nesse recorte temporal, havia todo um *jogo*[12] envolvendo os vetores políticos oriundos da aristocracia e oligarquia relacionado ao controle das instituições políades e suas magistraturas, dentre elas a *trierarchia.*

---

[12] Configurava um sistema de interdependência complexo, o qual nos permite pensar os grupos sociais de maneira relacional (Elias, 2007, p. 116).

A propósito do *jogo*, sob a ótica de Norbert Elias, é mister esclarecer que diante da movimentação dos *players* envolvidos há total ausência de regras definidas em sua operacionalidade. O *jogo* articula de modo dependente as movimentações e articulações que os vetores políticos desenvolvem – seja em relação de uns com os outros, seja dos indivíduos com as instituições (Elias, 2007, p. 116). Incluem-se, nas movimentações desse *jogo*, os veículos políticos dos quais esses vetores sociais se utilizam para atingir seus objetivos, dentre eles recorrer à *memória coletiva*.

A *memória*, como a define Jacques Le Goff (1990, p. 40), trata-se de um referencial do passado que se articula com o discurso mítico – entendido como narrativas de um tempo que não possui referencial histórico, mas que torna o passado sempre presente, pois serve como representação das *memórias coletivas*, ou seja, das identidades sociais (Le Goff, 1990, p. 9).

As narrativas míticas helênicas sempre deixaram bem evidente a representação das identidades que formavam sua sociedade – principalmente no que tange à sua relação com o mar. Os discursos míticos dos gregos sempre buscaram sedimentar o caráter de resiliência sobre as dificuldades, bem como o caráter hospitaleiro, comum à sua cultura. Nos poemas épicos encontramos narrativas que nos dão referencial das práticas sociais helênicas, como banquetes, ações de batalhas e práticas religiosas. Entre Homero e Apolônio de Rodes há aproximadamente cinco séculos de distanciamento, no entanto o discurso épico da poesia que narra a saga dos seus heróis se mantém vivo. A questão envolve o *velho tempo da memória*, o qual é capaz de atravessar a História e alimentá-la (Le Goff, 1990, p. 9). Por tudo isso, apresentar uma poesia épica da Era Helenística para falar do modelo heroico grego não apresentará anacronias ao contexto social em análise, caso o poema esteja sendo cotejado a documentações da Era Clássica. Nesses termos, *Argonautika*, escrito por Apolônio de Rodes no século III a.C., poderá nos permitir tecer análises sobre a *memória marítima helênica* que circulava no século IV a.C., assim como compreender o *jogo* envolvendo os vetores políticos inseridos em recortes temporais pregressos.

No decurso da História helênica a pólis de Atenas esteve inserida nas tradições e *memória marítima*. Sob esse aspecto, encontrou motivações e apoio para liderar seus aliados na coalizão denominada *Segunda Liga Ateniense*, em 378 a.c. Desse modo, vemos que, em relação à *thalassa*, os feitos gregos não estavam limitados a demarcar referencial e cronologicamente a sua existência, mas serviam também para referendar o *velho tempo da memória* (Le Goff, 1990, p. 9).

Inserido nas relações que envolvem *memória* – elementos que unem o passado ao presente –, o poema de Apolônio de Rodes mostra-se pertinente para compreendermos de onde se originam ou emanam algumas das tradições marítimas helênicas, tanto quanto é possível compreender a *arqueologia do comando naval* entre os atenienses no século IV a.C.

Os argonautas trata-se de uma poesia épica escrita por Apolônio de Rodes em aproximadamente 250 a.C., mantendo viva a *memória marítima dos gregos*, a qual pode ser definida como um referencial do passado helênico e não a sua própria História (Le Goff, 1990, p. 40). Para os gregos da Antiguidade, o ambiente marítimo inspirava as narrativas míticas. Os feitos ancestrais edificavam a glória comunitária, ressaltavam os traços marcantes do caráter que deveria ser preservado entre os helenos.

Diante do discurso que envolve a *memória marítima dos gregos*, Odysseus não se furtou de revelar sua identidade após ferir Polifemos, o ciclope. Do alto-mar, a bordo da sua embarcação, Odysseus reverbera para todos que tivessem ouvidos para ouvir o ato por ele executado, que teria gerado a proteção dos seus comandados, zombando do filho de Poseidon. O herói, embora estivesse navegando sobre o reino do progenitor daquele de quem acabara de castrar a visão, não temeu potenciais atos de vingança por parte do deus dos mares e fez questão de sobressaltar sua astúcia, sua coragem, postura guerreira e sua *gens*, proclamando a todos a sua linhagem (Homero, *Odis*. III, 390-400). Seguindo a tradição heroica helênica, Odysseus, como bom comandante marítimo, protegeu seus companheiros e cuidou para que sua embarcação erguesse âncora e pudesse seguir singrando sobre a *thalassa*.

Análogo aos cantos homéricos, o discurso de Apolônio de Rodes fez ecoar os feitos dos *Argonautas,* materializou a *memória marítima* dos gregos e seus feitos sobre a *thalassa.* Jasão, grande herói da *Argonautika,* juntamente com os demais argonautas, detinham um porte imponente e garboso. Postura essa que os épicos atribuíam aos membros da aristocracia guerreira grega. Tal postura podia ser percebida por onde quer que esses homens passassem e Jasão, no comando da *Argos,* era saudado na sua partida, deixando transparecer o quanto era prestigiado e amado. Por isso, Apolônio de Rodes narra: "À medida que avançavam, a multidão de pessoas corria ao redor deles" (Apolônio, *ARG.* I, 235). O modelo de um *bom comando naval,* principalmente em seus primórdios, materializa a memória dos *andres agatoi,* na qual a *thalassa* é elemento presente no cotidiano.

Desde eras mais remotas, como nos aponta Jean Nicolas Corvisier, a *thalassa* sempre esteve presente no discurso e prática cotidiana dos gregos. As imagens da fauna e da flora marítima sempre adornaram afresco de palácios cretenses, ornamentando cerâmicas com suas imagens (Corvisier, 2008, p. 18). Desse modo, não causa estranhamento que a *thalassa* fosse tema constante das suas narrativas míticas e referencial de grandes feitos e contatos políticos ou culturais dos gregos. A topografia marinha da Hélade formada por diversas ilhas e extensão geográfica era elemento importante para a política e as relações comunitárias helênicas. Para os gregos, a *thalassa* era veículo de exercício de poder e oportunidade de contatos.

Lionel Casson menciona que, no século XII a.C., os homens realizavam viagens curtas devido às embarcações não possuírem estabilidade em águas revoltas nem espaço para armazenar víveres. As embarcações lhes davam poucos recursos para vencer os desafios da natureza (Casson, 1991, p. 3). Navegar os mares helênicos na Antiguidade poderia ser considerado sempre um ato de ousadia. Podemos afirmar que os mares da Hélade serviram para sedimentar identidades e tais comunidades ficaram conhecidas como pólis marítimas. Citamos como exemplo dessas comunidades: Atenas, Rodes, Corintho e Mégara.

ARQUEOLOGIA DO COMANDO NAVAL

De Homero a Apolônio de Rodes, a *thalassa* protagonizou tramas e disputas de poder. Nas narrativas homéricas, Odysseus, singrando mares junto aos seus companheiros, foi vitorioso nos campos de batalhas troianos, desbravou diversas rotas, estabeleceu contatos com grupos aliados e hostis, forjando novas alianças e ratificando as antigas (Homero, *Odis*, XV, 240-245). O discurso homérico canta os feitos de Odysseus, mantendo viva a *memória marítima dos gregos*. Em situação análoga, Jasão, no discurso de Apolônio de Rodes, percorre um imenso *períplo*[13] pelos mares helênicos, objetivando conquistar o *Velocino de Ouro* e retomar seu trono usurpado pelo seu tio, Pélias.

Inserido nas relações que envolvem *memória*, o poema de Apolônio de Rodes, embora seja datado no século III a.C., permite compreendermos práticas e relações marítimas helênicas do século IV a.C. No épico *Argonautika*, fica perceptível que o *elemento desencadeador* do poema de Apolônio de Rodes, a finalidade, é resgatar ideais heroicos definidos no discurso homérico, ideais próprios ao universo dos *andres agathoi*. Tais ideais estimularam posturas morais e éticas por toda a Hélade e podem ser tomados como arquétipos que foram seguidos e deveriam continuar sendo o guia da postura aristocrática. Sobretudo, fica evidenciada na obra de Apolônio de Rodes a necessidade de ratificar o passado marítimo helênico e legitimar as políticas marítimas adotadas até o período em que a obra foi escrita.

A polêmica que envolve o discurso traz a saga de Jasão, o qual teve seu reino usurpado pelo tio e se viu motivado a enfrentar os desafios do desconhecido, em um reino distante – Colchida –, visando conquistar o Velocino de Ouro. Na difícil tarefa, Jasão comissiona um grupo de *aristhos* para cumprir a missão. O fato de Jasão buscar auxílio entre pares *andres agathoi* e enfrentar os perigos ocultos pela *thalassa,* remonta as ações e meios no qual o herói se destacou entre os demais. O comando naval exercido por Jasão remonta uma *memória marítima* comum ao universo *andres agathoi* e nos leva a repensar as atribuições do *trierarcha* em Atenas e a magistratura da *trierarchia*, por ocasião da Segunda Liga criada em 378 a.C.

---

[13] Circum-navegação à volta de um continente ou território, incluindo o relato dessas viagens.

A propósito da *trierarchia* em linhas gerais, configura-se como uma onerosa *liturgia*, a qual se oficializou na comunidade ateniense somente a partir do século V a.C. Dentro das suas especificidades, a *trierarchia* destaca as atividades do *trierarcha,* um proeminente cidadão que se comprometia a financiar a construção de uma embarcação de guerra do tipo *trieres*. Esse distinto cidadão, além de pagar o soldo da sua tripulação, também assumiria a responsabilidade de comandar a belonave.

A *liturgia* era voluntária e recaía sobre os *eisphorai* – cidadãos mais abastados que voluntariamente assumiam a *trierarchia*. Junto à responsabilidade assumida, potencialmente viria incluso o alto grau de prestígio adquirido em decorrência de o cidadão prover um bem público. Os *eisphorai*, ao se voluntariar para o cargo, buscavam ver aumentar sua popularidade e apoio por parte das massas pobres de cidadãos, quando potencialmente estivessem envolvidos em contendas com adversários políticos.

Tornar-se um *trierarcha* não era uma conquista simples, exigia muitos recursos e prestígio para receber essa nomeação. Um cidadão que possuía 500 *medimnoi*[14] anuais de grãos seria configurado como um indivíduo muito rico. Para alcançar essa produção, deveria deter aproximadamente 250 hectares em propriedade agrária e, sendo detentor dessas posses, poderia ser candidato a altas magistraturas como *archonte*[15] ou *trierarcha*. Indivíduos oriundos dos segmentos censitários mais abastados poderiam ser identificados como sujeitos de influência política, mas, para tornar-se *archonte ou trierarcha,* seria necessário acentuado prestígio político, dentro e fora da pólis.

---

[14] Medida de grãos equivalente a 54 litros.

[15] Claude Mossé aponta que a eles foi somado seis *semostetas*, que elevava o total de *archontes* a nove. Após as reformas de Clístenes, foi também acrescentado um secretário responsável por coordenar o *archontado* em outros colégios de magistrados. Em 487/6 a.C. é estabelecido o sorteio para essa magistratura, na qual somente os três primeiros segmentos censitários poderiam participar, se excluíam os cidadãos do segmento *thete*. Houve especialização das suas funções e por isso receberam denominações específicas: *archonte-epônimo* – presidia as cerimônias religiosas e acompanhava as ações judiciais antes de serem conduzidas ao tribunal dos Heliastas; *archonte-rei* – supervisionava os sacrifícios e toda a vida religiosa da cidade, assim como os processos que envolviam a esfera sagrada, analisando também a situação dos estrangeiros e metecos na cidade; *tesmotetas* – eram encarregados de proceder a um exame anual das leis, podendo suprimi-las ou modificá-las (*Cf.* Mossé, 2004, p. 38-39).

Em Atenas, especificamente, podemos identificar que o ato de financiar as embarcações emerge a partir de um processo de aperfeiçoamento do sistema litúrgico das *khoregiai*[16]. Segundo Brooks Kaiser, essa prática de financiamento voluntário de festivais ou obras públicas era ato recorrente entre os proeminentes cidadãos atenienses desde as reformas de Klistenes em 508/7 a.C. O fato de a *trierarchia* nascer de uma prática social denota sua relação com os dispositivos de memória coletiva, comuns ao corpo comunitário.

Em razão de as obras e serviços públicos consumirem altas somas dos cofres da administração políade, a prática de financiar liturgias permitia aos cidadãos proeminentes obterem notoriedade entre os demais membros do corpo cívico (Kaiser, 2007, p. 3). Contudo, Atenas somente efetivou a *trierarchia* como um dever cívico em 480 a.C., através do decreto de Temístocles, como nos mencionou Plutarco (*Temist.*, 10):

> Prevalecendo ao fim seu aviso, propôs a lavratura do decreto no qual colocava a cidade sob a guarda de Athená, protetora de Atenas, ordenava-se que cada cidadão válido embarcasse nos trieres... Como a administração da pólis não dispunha de fundos, o Areópago, segundo Aristóteles, forneceu 08 Drácmas a cada homem em armas, completando-se assim, graças a ele as equipagens do trieres.

Atenienses possuíam descendência jônia, grupo étnico com tradição marinheira e prática nas atividades mercantis. A disputa comercial da Hélade no século VI conduziu Atenas a voltar-se para as questões marítimas e a Ilha de Égina – uma colônia dória – tornou-se sua grande rival. A disputa entre as duas poleis levou Égina a se aliar aos persas visando submeter Atenas, porém a descoberta dos veios de prata em Laurium ao início do século V a.C. forneceu os recursos necessários para aparelhar e modernizar a esquadra ateniense com 100 trieres (Guimarães, 2011, p. 105). Tal ocorrência de fatos pode

---

[16] Financiamento de um coro para os festivais teatrais das tragédias e comédias. Todo o financiamento ficaria a cargo de um cidadão rico, o *khórego*.

ser configurada como um dos pontos iniciais da política marítima ateniense (Duarte, 2021, p. 108).

Ao início do século V a.C., Atenas deliberou investir em uma frota de guerra e, através dela, liderou aliados na Liga Délica[17], legitimou-se como potência *thalassocrática*, reconfigurando a geopolítica da Hélade e assumindo a *liderança unipolar no Mar Egeu*[18] (Candido, 2010). Tal configuração interferiu no modo operacional através do qual a pólis definiria quem deveria assumir a magistratura da *trierarchia*. Ser agraciado como *trierarcha* representava uma deferência de grande honra, pois em dada medida refletia a *memória* dos ancestrais, através de um passado marítimo, personificando seus antepassados que venceram os obstáculos ocultos na perigosa *thalassa*. Tucídides ao documentar a Guerra do Peloponeso, já nos seus primeiros registros, descreve a arqueologia marítima que os gregos herdaram e define os cretenses como os primeiros a se tornarem *thalassocráticos*, através da figura de Minos (Tucid. I: 4). Podemos apreender que Tucídides buscava estabelecer na memória dos atenienses a percepção de herdeiros legítimos dessa *memória marítima*.

A expansão do *poder marítimo* ou *thalassocracia ateniense* sedimentou-se nas quatro primeiras décadas do século V a.C., através de constantes operações navais. Nesse período algumas personalidades, protagonistas da política em Atenas, detiveram ação efetiva nesse propósito e Cimon pode ser descrito como uma das figuraças mais importantes nesse contexto. Filho de Milcíades, comandantes das tropas atenienses na Batalha de Maratona, Cimon fez grandes contribuições entre 478 e 463 a.C. para aumentar o poder ateniense sobre seus aliados na Liga de Delos. Cimon implementou dentro da Liga Délica uma política rígida, pois determinava aos adversários derrotados militarmente que aderissem à coalizão. Em 468 a.C.,

---

[17] Confederação de poleis sob a liderança de Atenas com a finalidade de garantir a segurança da Hélade contra as invasões dos persas. Os membros desta coalizão de poleis pagavam tributos a Atenas em navios ou em dinheiro. Aliança militar que se configuraria através do envio de contingente, víveres, navios, armas ou recursos pecuniários em prol do interesse comum, *koyna*. Daí preferirmos utilizar o termo *Koyna Délica* a Liga de Delos.

[18] Alternativa ao termo *Imperialismo*. Ver CANDIDO, Maria. Atenas Clássica: imperialismo ou liderança unipolar? *Jornal Philia*, Rio de Janeiro: NEA-UERJ, jul./set. 2010.

Cimon derrotou a armada persa e deu a Atenas o controle parcial da costa ocidental da Ásia Menor (Mossé, 2004, p. 64-65).

Inserido nas disputas políticas em Atenas, Cimon teve divergências com outras figuras importantes como Efialtes e Péricles. Estes dois últimos tinham uma atuação política mais próxima ao *demos*[19], enquanto Cimon assumia maior apoio das elites – aristocratas e oligarcas que se alinhavam às suas ações e discursos. Plutarco, em *Vida de Simon*, nos permite apreender que aristocratas e oligarcas atenienses, através da figura institucional do Areópago[20], apoiavam Cimon (Plut., *Cimon*, 16.9). Por outro lado, seus adversários motivavam as massas componentes do *demos* a pressionarem-no politicamente. Vejamos o que narrou Plutarco a esse propósito:

> Cimon, em seu retorno, teria ficado indignado por terem obscurecido o poder soberano do Conselho do Areópago e por trazê-lo aos julgamentos por intentar restabelecer a aristocracia de Clístenes, muitos se uniram para fustigar o demos contra Cimon, lembrando a eles da sua irmã e acusando-o de laconismo (Plutarco, *Cimon*, XV).

Atenas, na Era Clássica, detinha uma política voltada para assuntos marítimos e toda a movimentação política no âmbito interno da pólis envolvendo a aristocracia, oligarquia e o *demos,* circulava em redor do exercício da *trierarchia*. Isso ocorria em consequência de três fatores: primeiramente, o sistema democrático ateniense propiciava aos nichos sociais negociarem seus interesses através do voto. Depois, em razão de o voto nas assembleias ser isonômico e não distinguir se o cidadão era abastado ou um *penétes*[21], cidadãos proeminentes para terem suas magistraturas renovadas tornavam-se

---

[19] Comunidades locais que foram a base das reformas políticas de Clístenes. O *demos* tratava-se do pré-requisito para possuir uma cidadania em Atenas. Outros significados: cidadãos mais pobres; corpo de cidadãos adultos; constituição democrática; o povo de Atenas na Ekklesia.

[20] Tribunal ateniense formado por membros que ocuparam o archontado em Atenas. O Areópago recebeu esse nome devido a uma colina dedicada ao Deus Ares, na qual se realizavam as reuniões do conselho que assessoravam os reis de Atenas no período arcaico (*Cf.* Mossé, 2004, p. 38-39).

[21] Indivíduo muito pobre, sem nenhum recurso e propriedade agrária.

dependentes dos cidadãos menos providos de recursos. Por último, cidadãos oriundos do *demos* eram maioria entre os que votavam e, através da sua efetiva participação política, pressionavam membros da aristocracia e oligarquia a ouvir seus apelos. Esses cidadãos, integrantes das massas, detinham consciência que os membros da elite necessitavam do seu voto e negociavam, segundo seus interesses, quem receberia seu voto ou apoio nos litígios. Ademais, os cidadãos pobres, *thetes,* eram os que movimentavam as embarcações atenienses como remadores. Logo, é possível apreender que havia um *jogo* de interesses no campo político que adentrava a bordo das naus atenienses. Não devemos nos esquecer que o *trierarcha* e sua tripulação, em especial as massas de remadores *thetes,* compartilhavam o convívio sob espaços diminutos.

Diante do *jogo* de interesses que envolvia as elites e as massas de pobres, o *demos* pendia a apoiar aristocratas ou oligarcas, segundo a concessão aos seus apelos. Desse modo, havia membros da elite que criticavam o *demos* em razão do imediatismo das benesses que visavam obter, assim como por não dividirem o custo das obras públicas. Havia também aqueles que criticavam o sistema democrático, por essas massas não deterem *know-how* político para propiciar, segundo parte das elites atenienses, o que seria um *bom governo* e, principalmente, por se pautarem no imediatismo de benesses "vazias". Um artigo publicado por Josiah Ober intitulado "The Original Meaning of 'Democracy'" (O sentido original de "Democracia") faz uma análise sistemática do termo e menciona que por ocasião da Era Clássica vários termos novos foram cunhados para se referir ou comentar o sistema democrático ateniense. Esses termos foram apresentados ou mensurados por diversos intelectuais: poetas cômicos, filósofos, historiadores e políticos envolvidos em debates nas assembleias. A exemplo dos termos, podemos citar *Timokratia* (de tempo: honra) e *gynkaikokratia* (de *gynaikos*: mulher); tais nomenclaturas foram criadas por intelectuais do período para descrever regimes imaginários. Nesse contexto, irá emergir, postumamente ao período analisado, o termo *Ochlokratia* (de *ochlos*: a turba), uma variante pós-clássica (aparecendo pela primeira vez em Políbio: século II a.C.) e com definição fortemente pejorativa ao regime político *demokratia*. Contudo, na Era Clássica, já há presença de críticas acentuadas à postura das massas que compõem o *demos*. A obra *República*, do filósofo Platão, pode muito bem ser interpretada como uma crítica àqueles que assumem poder ou ganham lugar de fala sem estar preparados para o exercício do seu poder.

O Velho Oligarca, autor da *Constituição dos atenienses*, foi um proeminente e abastado cidadão em Atenas, que se personificou como um dos maiores críticos ao sistema democrático, principalmente contra a isonomia política do voto envolvendo ricos e *pénetes*. Sua maior crítica residia no fato de ricos e pobres terem o mesmo peso em relação ao voto e, no entanto, os últimos não contribuírem proporcionalmente com o financiamento das obras públicas. Na visão do Velho Oligarca, em razão de maior quantidade de cidadãos pobres, os ricos sofreriam desvantagem no processo de tomada de decisões em Atenas (V. Olig., *Const. At, passim*).

As críticas proferidas por parte dos grupos *oligoi* ao sistema democrático em Atenas refletem não apenas a nova ordem social no final do século V e início do século IV a.C., como evidenciam a maneira dos indivíduos se comportarem politicamente diante dos interesses do seu grupo social. Essas críticas eram tão veementes e presentes no cotidiano ateniense que, no propósito de pôr um fim ao regime democrático em Atenas, *oligois* intentaram por duas vezes vetar a participação do *demos/plethos* nas assembleias. Primeiro em 411 e, depois, em 404 a.C., os grupos oligárquicos atenienses tentaram reduzir o número de cidadãos que participavam, através do voto, na política ateniense. Diante dos fatos, o *demos* através da esquadra que estava aportada em Samos, cidade localizada na franja da Ásia Menor, negociou a restituição do sistema democrático em Atenas com Trasybollos e Alcebíades (Mossé, 1999, p. 293). As tentativas de golpe oligárquico destacam a articulação dos vetores políticos no *jogo* em Atenas e suas relações envolvendo o *comando naval*.

Alcebíades era um membro da aristocracia ateniense e representava o estilo arrojado de praticar a política. Tucídides (IV, 16) nos deixa perceber através da sua narrativa que Alcebíades era um jovem e habilidoso político. Sabendo fazer uso dos recursos retóricos, Alcebíades não se furtava em desafiar proeminentes e consagradas figuras do cenário político ateniense, como Nícias.

Antes da partida ateniense para campanha bélica na região da Sicília – uma ação com perfil e caráter extremamente naval –, Alcebíades recorre a um discurso voltado à *memória* dos seus ancestrais e de como sua família contribuiu para a grandiosidade e poder da pólis dos atenienses buscando defender que ele próprio seria o mais habilitado para receber o comando da frota. Vejamos as palavras de Tucídides:

> Mais que a qualquer outro, atenienses, cabe-me receber o comando (tenho de começar por este ponto, pois Nícias me atacou), e me considero digno dele; os fatos que provocam a malevolência contra mim são justamente a causa da minha glória, dos feitos dos meus antepassados e que trazem vantagens para a pátria (Tucid., IV, 16).

Nesse processo, buscava-se estabelecer, dentro do ordenamento comunitário, o nicho social dos provedores e protetores das massas de cidadãos componentes do *demos*. Deve-se ressaltar, nesse contexto, que Alcebíades sabia usar com maestria o discurso, além de gozar de grande prestígio entre a multidão de marinheiros. Logo, podemos inserir Alcebíades no processo que envolve a *memória marítima* e o *jogo político* em Atenas.

Desde o momento em que Atenas implementou uma política marítima e estabeleceu a *trierarchia* como uma liturgia oficial, a pólis – ao longo do século V a.C. – possibilitou transformações no cenário geopolítico da Hélade. Essas transformações em grande medida se relacionavam diretamente com as suas disputas políticas internas. Nesse espaço temporal, Atenas assumiu a liderança na *Koyna Délica* e teve que investir de modo sistemático na sua esquadra. Foi também nesse período – mais especificamente no ano de 461 a.C. – que Efialtes empreendeu esforços para reduzir as atribuições do Areópago.

Noutra análise de caso, em 431 a.C. eclodiu a Guerra do Peloponeso – o maior conflito que a polis enfrentou no século V a.C. – e, como inferimos das comédias de Aristófanes, muitos emergentes enriqueceram com o mercado da guerra. A comédia *A Paz*, escrita pelo poeta cômico Aristófanes, foi apresentada em 421 a.C. no teatro de Dionisos em Atenas e faz menção a Cleon, um *oligoi* do setor de curtume que teria visto sua fortuna crescer durante o período em que o conflito perdurava (Arist., *Paz*, 1210-1215).

Diante de um cenário de conflitos bélicos e disputas políticas internas, a economia ateniense tornava-se cada vez mais frágil e dependente da ação dos cidadãos com recursos para a manutenção da sua esquadra. Fosse para o combate no mar contra poleis inimigas, fosse para dissuadir piratas e garantir o abastecimento de grãos necessário para subsistência políade, os gastos com a *trierarchia* em Atenas cresciam em números aritméticos. Muitos cidadãos abastados proferiram duras críticas às massas em razão dos gastos que deveriam dispender ao pagar as *liturgias*[22] e soldos dos marinheiros, assim como as *eisphoriais*[23], que eram cobradas em tempo de guerra (V. Olig., 3.3-3.4).

Apesar do prestígio político e social que o *trierarcha* poderia receber, havia também danos em ser indicado para assumi-la de modo constante ou consecutivo. Após a implementação da *trierarchia,* o indivíduo não poderia recusar a nomeação para exercer a magistratura. Por conta desta peculiaridade, muitos cidadãos começaram a ver a *trierarchia* como um estorvo. Claude Mossé narra sobre um cliente de Lísias que se lamentava ter sido eleito *trierarcha* sete vezes e ter os gastos avaliados em seis (06) *Talentos* (Mossé, 2002, p. 279).

No século IV a.C., toda a perspectiva que levava a *trierarchia* a ser percebida segundo as virtudes dos *andres agathoi*, priorizando prestígio da sua *gens* e figurando como provedora dos menos abastados, foi modificada. Ou seja, a tradição comum aos valores heroicos

---

[22] Imposto pago pelos cidadãos mais ricos de Atenas para financiamento de peças teatrais e despesas de funcionamento e manutenção de uma trieres.

[23] Imposto excepcional, recolhido em tempos de guerra.

homéricos tornou-se cada vez menos frequente no século IV a.C. Em diversas oportunidades é possível encontrar a ação de cidadãos abastados buscando se desvencilhar da responsabilidade de assumir uma magistratura tão onerosa.

O pesquisador Ticiano Curvelo Estrela de Lacerda, em sua tese intitulada *As reflexões metadiscursivas no discurso Antidose de Isócrates* (USP, 2016), discorre sobre os discursos do orador atenienses Isócrates a propósito da troca de bens. No discurso fica evidente que no século IV a.C. esse foi um expediente adotado por muitos cidadãos abastados, que buscavam se ver livres do peso econômico que a *trierarchia* exercia sobre suas fortunas.

Uma das soluções encontradas para minimizar o impacto do custo da *trierarchia* era obrigar os cidadãos detentores de recursos a arcar com os gastos navais. No ano de 357 a.C. em Atenas, entra em vigor a *Lei de Periandro* demarcando, ou deixando evidenciado, que o pagamento *litúrgico* da *trierarchia* não deveria ser voluntário, e sim obrigatório entre os mais ricos. Claude Mossé afirma que Periandro era um dos amigos de Eubolo, que conseguiu inserir a *trierarchia* no sistema de *sismoria*[24], permitindo que um maior número de cidadãos sustentasse o ônus dessa magistratura (Mossé, 2004, p. 279).

Cada um dos mil e duzentos cidadãos mais ricos, entre *aristhos* e *oligoi* de Atenas, deveriam obrigatoriamente ser os responsáveis pela manutenção da frota ateniense. Contudo, o cidadão que fosse convocado a cumprir com sua obrigação cívica poderia protestar, alegando possuir menor riqueza que outro cidadão não designado para assumir a *trierarcha*. Caso viesse a perder o processo, seria obrigado a trocar todo seu dinheiro e posses pelas do seu acusador. A solução para evitar medidas tão rígidas seria transferir de maneira simples a responsabilidade sobre o imposto (Lacerda, 2016, p. 13). Um ano após a instituição da *Lei de Periandro,* um cidadão de nome Megaclides encontrava-se entre os designados a cumprir a *liturgia,* no entanto alegou ter menor posses e recursos que outro cidadão

---

[24] As *sismorias* no século IV a.C., em Atenas, se referiam ao grupo que seria cobrado pelo imposto de guerra, *eisphorá,* apenas para cumprir despesas adicionais. *Cf.* Mossé (2004, p. 257).

ateniense. Diante desse recurso, moveu um processo de *antidose* contra o orador Isócrates, obrigando-o a cumprir a magistratura em seu lugar. No entanto, foi concedida a Isócrates a não obrigatoriedade de realizar a permuta de riquezas com o autor do processo (Lacerda, 2016, p. 13).

No século IV a.C., o modo de articular os bens públicos sofreu consideráveis mutações. Inseridos em um novo contexto, a *memória marítima* e seus valores aristocráticos – próprios ao universo *andres agathoi* – foram atingidos de modo sistemático. Nesse novo contexto social, emergentes que enriqueceram através do comércio não se lastreavam pelas antigas normativas aristocráticas e sim, buscavam priorizar o uso imediatista e prático que a pecúnia cedia para definir e adquirir riqueza. Essa prática imediatista foi gradualmente se implementando desde o século VI a.C., quando Atenas buscou se inserir no circuito comercial da Hélade, através das reformas solonianas (Candido, 2013, p. 6). Gradativamente, essa prática fez emergir toda uma postura pragmática no modo de se relacionar com os bens públicos e as instituições políades. Essa relação foi se estreitando durante todo o século V a.C., quando *oligois* passaram a assumir altas magistraturas.

Como exemplo de membros da oligarquia figurarem entre os altos magistrados, em estudo de caso, podemos citar Cleon, que assumiu a liderança na assembleia do *demos* em substituição a Péricles, morto vítima da peste em 429 a.C. Outro caso que pode ser identificado nessa conjuntura trata-se do Velho Oligarca, que, segundo Pedro Riberio Martins, teria sido *trierarcha,* por especialidade das suas habilidades, armador ou *naupegoi* – construtor de navios. Podendo ter emergido socialmente a partir das atividades marítimas que envolviam em sua proximidade as relações comerciais (Martins, 2011, p. 29).

A partir do momento em que o comércio na Hélade tomou maior intensidade, o investimento naval foi priorizado e novas técnicas de construção foram desenvolvidas. Como exemplo dessas técnicas, podemos mencionar o sistema de montagem das embarcações. A propósito dessa questão, a pesquisadora Suzanne Amigues nos permite identificar o aperfeiçoamento da engenharia naval, ao mencionar um catálogo de carpintaria feito por Teofrastros (Amigues, 1999, p. 91).

Nos escritos de Teofrastros, temos a informação que navios pequenos no século IV a.C. – muito usados para pesca e transportes – deveriam receber um novo sistema especial de encaixes (*kólésis*) reforços no seu costado. Esses reforços eram feitos por tiras de madeiras nobres, como carvalho e azinheira. O ajuste permitiria reduzir as frestas entre as madeiras com precisão de encaixe, comparável a uma colagem bastante fixa e resistente, como se fosse usada alguma substância adesiva (Amigues, 1999, p. 91). Na figura a seguir, uma gravura da técnica descrita por Teofrastros.

Figura 1 – Kolésis

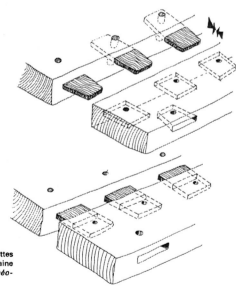

1. Le « collage » ou assemblage par languettes chevillées. D'après P. Pomey, L'épave romaine de la Madrague de Giens, *Dossiers de l'archéologie*, 29, 1978, p. 90.

Fonte: Amigues (1999, p. 91)

Todo aperfeiçoamento na expertise da carpintaria e engenharia naval – associado à intensificação do comércio – permitiu que muitas comunidades marítimas envolvidas em sistema de trocas adquirissem *autárcheia*. W. V. Harris e K. Iara (2001), na obra *Maritime technology in the ancient economy: ship-design and navigation,* reúnem especialistas em construção naval antiga e especialistas em economia antiga, visando considerar a extensão, a difusão e o impacto do progresso tecnológico nas redes de contato mediterrânicas. Os autores apontam como o comércio e as trocas se intensificaram com o aperfeiçoamento na engenharia naval.

Atenas se beneficiou dessas inovações tecnológicas. Muitos mercadores abastados viram oportunidade de ter sua fortuna ampliada com a intensificação do comércio marítimo. Havia associações entre os *emporoi* e *naukleroi*, firmadas para a ida e volta das cargas, mesmo que fosse uma única vez. Da região do Ponto à Sicília, do Egito a Marselha, há evidências de que os grupos de mercadores controlavam o comércio e ampliavam as redes de contatos, sobretudo os atenienses (Mossé, 1993, p. 41). O fenômeno também ocorria de modo semelhante com os homens que viviam operacionalmente na marinharia. Gradativamente, aumentava a expertise das atividades marítimas, tais como: armadores, *naupegoi, kybernetes* – piloto. Desse modo, podemos apreender que muitos cidadãos abastados com prática nas relações comerciais e políticas marítimas almejavam, apesar dos altos custos, assumir o comando de embarcações na condição de *trierarcha*. Isso se dava em razão de obter prestígio e ascensão social. Tudo isso contribuiu para que em Atenas, no século IV a.C., a *trierarchia* não fosse mais um privilégio restrito ao ciclo do *andres aristhoi,* que primava em manter a *memória heroica* idealizada por Homero, primando pela virtude de poder ser proclamado o provedor comunitário. Dentro do novo contexto social do século IV a.C., se valorizava possuir riqueza. No intuito de obter riqueza com maior rapidez e volume, grupos articulando o *jogo* conseguiram que fosse permitida a divisão de gastos para a manutenção da *trierarchia*. Ou seja, o foco deixou de ser a honraria do cargo, e sim a prioridade pecuniária.

Claude Mossé destaca que já ao final da Guerra do Peloponeso, final do século V a.C., foi instituída a *sintriarchia*, que permitia associar dois *trierarchas* para equiparem um único *trieres*. O comando naval em Atenas agora deveria atender as exigências que os novos tempos solicitavam: expertise técnica – *naumachia* – e pragmatismo econômico em lugar de *areté heroica*.

Heródoto (VIII: XVII) menciona que Clínias, filho de um proeminente cidadão com o nome de Alcebíades, comandou um navio com duzentos homens. Essa embarcação era um bem privado do próprio Clínias e ele a teria equipado com seus próprios recursos. O caso de Clínias, citado por Heródoto, talvez tenha sido um dos últimos casos de uma categoria de comandantes navais que ainda no início do século V a.C. tomavam para si a obrigação moral de prover recursos à sua comunidade de modo voluntário. A postura de Clínias deixava claro aos demais cidadãos do corpo comunitário que as obrigações cívicas deveriam ser compatíveis ao seu status social, político e voltado ao bem comunitário de boa vontade, sem interesses escusos. Outros comandantes navais do período ocuparam responsabilidades análogas a Clínias, mas talvez por não serem da mesma origem social, configurando uma "estirpe" diferente, diante do novo quadro social, não mais seguiam o mesmo exemplo e postura (Gabrielsen, 1994, p. 1).

Finalizamos estas primeiras reflexões acerca da *archeologia do comando naval* entre os helenos na Antiguidade destacando que a figura de Jasão, ao liderar o seleto grupo de heróis que tripulavam o navio *Argos*, se insere em um recurso mnemônico adotado por Apolônio de Rodes que visa resgatar a *memória marítima* dos *nautai andres agathoi,* a qual se encontrava fragmentada no contexto político social do século IV a.C.

CAPÍTULO II

GRUPOS POLÍTICOS, GASTOS NAVAIS E CONFIGURAÇÃO SOCIAL AO INÍCIO DO SÉCULO IV A.C.

Em 405 a.C., Atenas é derrotada na batalha naval de Egospótamos pela frota espartana, a qual havia sido aparelhada com recursos fornecidos pelos persas e estava sob comando de Lisandro (Xenofontes, Helên. II, 20-32). O combate entre atenienses e espartanos ocorreu na costa da Ásia Menor e estrangulou as possibilidades atenienses de reagirem às ameaças diretas ao seu centro gravitacional de poder marítimo, o Pireu (Mossé, 1989, p. 23). A problemática envolvida nos eventos que levaram ao fim da Guerra do Peloponeso, ocasionando a defecção de Atenas em 404 a.C., traz luz à reflexão sobre o contexto social ateniense em relação à sua política marítima no século IV e torna ainda mais evidente a importância da sua *memória marítima ateniense* quando debatemos sobre a *trierarchia*.

Ao analisarmos o contexto social ateniense ao início do século IV a.C., voltamo-nos aos preceitos conceituais que o sociólogo alemão Norbert Elias atribui ao termo *configuração social*. O conceito sobre as reflexões de Norbert Elias nos permite compreender as relações que as pessoas estabelecem umas com as outras dentro de um sistema comunitário (Elias *apud* Garrigou; Lacroix, 2001, p. 78). A partir dessa prerrogativa, identificamos que a *configuração social ateniense* ao início do século IV a.C. encontrava-se atrelada aos eventos que ocorreram na última década do século V a.C.

Ao ser derrotada por Esparta em 404 a.C., Atenas teve, por imposição, que derrubar sua muralha, símbolo de sua linha de defesa marítima e de sua identidade. As muralhas atenienses, além das funções de defesa, serviam também para definir aqueles que integram um determinado agrupamento social, diferenciando atenienses dos demais helenos (Garlan, 1999, p. 321-340). No caso ateniense, as muralhas serviam para identificar aqueles que não integravam ou pertenciam ao centro emanador de poder marítimo no Mar Egeu. Além das muralhas, os espartanos também exigiram a desmobilização de quase a totalidade da frota ateniense, símbolo de liberdade e cidadania, principalmente para os cidadãos *thetes,* componentes do menos abastado segmento social ateniense (Mossé, 1989, p. 16). Diante das imposições espartanas, a esquadra ateniense ficou reduzida a um número simbólico que se prestava mais para disfarçar sua total submissão, ou condição de servidão, aos vitoriosos na guerra. Quanto às imposições referentes à desmobilização marítima ateniense imposta pelos espartanos, trata-se de ação comum às práticas do período, pois, como era o costume, o vencido pertencia ao vencedor (Garlan, 1991, p. 72). Dentro desse cenário, a concessão espartana para que atenienses mantivessem alguns dos seus barcos sedia aparência de benevolência em permitir condições mínimas de autonomia ao grande rival. Contudo, ao derrubar as muralhas atenienses e desmobilizar sua marinha, Esparta visava efetivar um golpe eficaz sobre qualquer espírito de resistência que seus inimigos ainda cultivassem, sufocando qualquer espírito de insurgência às intervenções que lhes foram incutidas.

A Guerra do Peloponeso durou vinte e sete (27) anos, e, diante da derrota, Atenas, que outrora havia sido uma pólis pujante e rica, detentora de diversas colônias e *emporias* no Mar Egeu, teve de enfrentar dificuldades extremas nas esferas econômica, política e social. Atenas, além de ter sido derrotada, sofreu intervenção direta na sua administração política, sendo estabelecida uma junta oligarca com interesses pró-Esparta, para governá-la. Essa junta político-administrativa ficou conhecida como *os Trinta.*

O regime oligárquico do Trinta instituiu medidas duras na gestão política ateniense, dentre elas: a redução do direito de participação no processo de tomada de decisões por parte de diversos cidadãos, prisões de adversários políticos, além do ônus econômico com maior rigidez sobre as camadas sociais menos favorecidas de recursos. No entanto, a crise financeira, oriunda da derrota ateniense, não recaiu apenas sobre seus cidadãos com maior vulnerabilidade econômica.

O caos nas finanças afetou até mesmo cidadãos abastados, pois estes eram com frequência vítimas do sistema jurídico ateniense. Segundo Claude Mossé, havia pressões para que juízes condenassem seletivamente uma das partes envolvidas nos litígios jurídicos. O objetivo dessa seletividade por parte dos juízes era o confisco de bens do acusado em razão de suas posses serem capazes de cobrir as despesas do processo e assegurar que os magistrados recebessem o pagamento por parte da administração políade (Mossé, 1989, p. 31). Já a seletividade sobre quem recairia o processo, por vezes, e na sua maioria, detinha motivações políticas. A parcialidade tomava conta do ambiente jurídico ateniense, sendo bastante conveniente ao governo da polis. Contextualmente, muitos oportunistas começaram a se utilizar do sistema para conseguir recursos, dirigindo acusações que visavam extorquir pessoas abastadas.

O sistema jurídico ateniense prezava que a comprovação de inocência coubesse ao acusado e, dependendo do veredito, havia casos que não comportavam apelação. Embora a acusação pudesse retornar ao acusador, caso o réu provasse que a acusação era infundada, ninguém queria ver-se envolvido em um imbróglio jurídico, tendo de gastar altas somas para pagar um especialista em oratória para defendê-lo com eficácia (Cartiledge, 2009, p. 236).

A *configuração social* em Atenas, ao início do século IV, deixava pairar uma atmosfera de medo entre os cidadãos. Aos pobres, trazia a insegurança de não conseguir os recursos mínimos para sua subsistência; e aos ricos, o temor de sofrer acusações em processos sem precedentes, sendo julgados parcialmente. Portanto, após a derrota na Guerra do Peloponeso, Atenas viu-se envolvida em um cenário caótico que não poderia ser reduzido somente à ótica econômica e política. De modo mais amplo, havia o temor entre os cidadãos de não recuperarem sua *autarcheia* e permanecerem agrilhoados aos interesses espartanos. As medidas espartanas para controlar Atenas após a vitória na Guerra do Peloponeso propiciaram articular um *jogo* de cooperação envolvendo as elites atenienses e o *demos*. A ação de articulação política entre grupos sociais distintos, com interesse comuns, mostrou-se vital para que a pólis pudesse reagir ao domínio espartano e retomar o estatuto de comunidade livre, *eulethéria*.

A propósito do *jogo* envolvendo a elite e o *demos* ateniense, é mister estarmos atentos que a palavra *demos* se refere à totalidade do corpo de cidadãos, mas serve principalmente para definir a massa que não integra as elites comunitárias, tais como os ricos e bem-nascidos (Ober, 1989, p. 11). A existência de desigualdades econômicas entre ricos e pobres criava considerável tensão entre os grupos e apresentava uma nova *configuração social* em Atenas. Diante da derrota na Guerra do Peloponeso, o *demos ateniense* tornou-se totalmente dependente dos ricos *oligois*, pois a perda do *arké* ateniense, vivenciado durante o século V a.C., fragilizou a manutenção do sistema democrático.

O sistema democrático ateniense assegurava aos menos providos de recursos deixarem sua jornada de trabalho e participarem das votações nas assembleias e tribunais mediante tributação de riqueza excedente dos mais abastados. Nessa conjuntura, o que motivava as elites a financiar as massas para deixarem seus afazeres e participarem das votações nas assembleias era a certeza do apoio que obteriam contra seus adversários políticos. Diante da nova *configuração social* após a derrota na Guerra do Peloponeso, os ricos, sabendo que o governo políade estava sem dinheiro, aguardavam o momento propício para reduzir a aplicação de recursos na esfera social, retendo gastos que seriam enviados para questões de interesse público caso não tivessem algum tipo de compensação (Ober, 1989, p. 259).

No entanto, a *configuração social* desde as reformas de Clístenes em 508 a.C. tornava recorrente a movimentação política das elites a buscar apoio das massas para atingirem seus objetivos e, por

ARQUEOLOGIA DO COMANDO NAVAL

isso, negociavam cessões de direito e participações no processo de tomada de decisões. Desse modo, em Atenas, havia grande pressão para que as massas tivessem acesso ao voto nas assembleias. Toda essa conjuntura acabou condicionando o *governo dos Trinta* a perdurar por apenas alguns meses. Nesse curto espaço temporal que o *governo dos Trinta* atuou, houve grande resistência das elites pró- democracia, buscando apoiar a massa de cidadãos, que, por sua vez, não admitia ter reduzida sua participação política.

O *sistema oligárquico dos Trinta* era totalmente avesso à *democracia ateniense* e havia articulado restringir o acesso à cidadania plena a apenas três mil membros do corpo cívico. Inclusive, o *governo dos Trinta* disferiu perseguição a qualquer um que se opusesse às determinações do regime. Muitos oradores que se mostravam defensores do sistema democrático foram presos, outros foram obrigados a se exilar fora de Atenas ou, por medida mais extrema, condenados à morte (Mossé, 1989, p. 44).

A propósito das resistências empreendidas contra o *regime oligarca dos Trinta*, destacamos Trasíbulo. Esse proeminente cidadão atuou de modo efetivo na resistência contra a instituição de um sistema oligárquico de governo em Atenas. Por duas vezes, 411 e 404 a.C., Trasíbulo foi peça importante na *configuração social* em Atenas, na qual os *players* do *jogo – aristhos, oligois* e *Demos* – se movimentavam nas articulações que empreendiam diante de embates, recuos e negociações.

Em 411 a.C., o proeminente cidadão se uniu aos marinheiros e articulou a derrubada do poder oligárquico, apoiando Alcebíades como *stratego*. Através dessa articulação política, permitiu a manutenção do sistema democrático de governo em Atenas. Contra a movimentação dos interesses pró-Esparta, em 404 a.C., Trasíbulo reuniu homens em armas e ocupou a zona portuária do Pireu, dividindo Atenas entre "homens da cidade" e "homens do Pireu". A ação deu cabo ao *Regime dos Trinta*, que, perseguidos pelo *demos*, se refugiaram na região de Eleusis e, sem opções, viram-se obrigados a negociar sua própria anistia. Já após a derrota para Esparta na Guerra do Peloponeso, com ativa participação do *demos*, Trasíbulo foi um dos maiores articuladores para a restituição do regime democrático em Atenas (Mossé, 1989, p. 45).

A deposição do *Regime dos Trinta*, a partir da zona portuária do Pireu, destaca como a *memória marítima ateniense* detinha importância no seio comunitário da pólis. A *memória marítima ateniense* adentrava ao *jogo político* e se materializava nas magistraturas políades, como podemos exemplificar através da *trierarchia*. Compreender a importância que a *memória marítima* desempenhava em Atenas na Era Clássica torna-se fundamental para que possamos alcançar como se dava a *configuração social* ateniense ao início do século IV a.C. Inclusive, a *memória marítima* foi um dos fatores fundamentais para que Atenas obtivesse protagonismo na emergência da *Segunda Liga Helênica*.

A *configuração social* que possibilitou Atenas tornar-se líder na *Segunda Liga* ao início do século IV a.C. não se articulou à revelia da sua *memória marítima*, a qual atuou sobre os vetores sociais (Le Goff, 1990, p. 22). A propósito da formação da *Segunda Liga ateniense*, vemos que a *configuração social* que a forjou teve início diante da eclosão da Guerra de Corintho, em 395 a.C. Essa guerra perdurou até 387 a.C. e teve seu desfecho no tratado *Paz do Rei*.

A Guerra de Corintho havia colocado de um lado Esparta e de outro a coalizão formada por Corintho, Argos, Atenas e Tebas. No primeiro estágio do conflito, as poleis aliadas contra Esparta detinham o apoio dos Persas, que visavam manter controle sobre a expansão da influência espartana na zona Oeste do Mar Egeu. Contudo, Atenas vinha buscando sua recuperação marítima reaparelhando sua frota e reconstruindo suas muralhas. Os persas atuaram como moderadores do conflito e, apesar de tomar um posicionamento pró-Esparta, impuseram o tratado de paz entre os beligerantes (Xenofonte, Hel. 5, 1).

A pacificação do conflito que ficou conhecido como Guerra de Corintho cessava a influência militar espartana sobre seus opositores, mas exigia medidas que afetavam os projetos atenienses de recuperação da sua *thalassocracia*. Nos termos do tratado, Atenas deveria desistir de reerguer suas muralhas e não reunir esforços para reaparelhar sua frota. No entanto, Atenas obteve apoio de Lemnos, Ibrios e Eschiros, garantindo o abastecimento de grãos através de rotas marítimas protegidas por sua frota e reiniciou a reconstrução das suas muralhas à revelia das imposições do tratado *Paz do Rei*. Opondo-se à ação e poder dos *oligois* pró-Esparta em Atenas, defensores da democracia conseguiram garantir através da assembleia popular o retorno de muitos democratas exilados para a pólis. Atenas também contrariou o pedido de extraditar para Esparta tebanos que estavam refugiados na polis, como afirmam as inscrições IG II² 33 e IG II² 37. A partir desses fatos e com apoio de cidadãos influentes de diversos territórios que circundavam o Mar Egeu, Atenas formou uma aliança defensiva com: Quíos, Tebas, Bizancio, Metina, Mitilene, Rodes, Cálcidia e cidades da ilha da Eubeia em 377 a.C. A aliança que envolveu a polis de Atenas, consolidou a coalizão que ficou conhecida como *Segunda Liga Ateniense* e consta no Decreto de Aristóteles descrito na inscrição IG II² 40.

Com a criação da *Segunda Liga Ateniense*, a *trierarchia* ganhou maior expressividade, pois ressaltou a especialização do comando náutico que muitos *trierarchas* possuíam. No século IV a.C. muitos *trierarchas* não eram meros ricos amadores, sem qualquer especialização em assuntos navais. Segundo David Leopold, a historiografia teria superestimado as capacidades e atribuições do *kybernetes*[25], a bordo dos *trieres*, e minimizado o protagonismo do *trierarcha*. Na visão do pesquisador, trata-se de equívoco historiográfico atribuir ao piloto toda a expertise do comando náutico (Leopold, 1994, p. 16). Desse modo, o tratamento atribuído aos *kybernetes* exige releituras, pois David Leopold destaca sobre a prática de contratar *trierarchas adjuntos* por meio de soldo pago (*misthos*) (Leopold, 1994, p. 16).

Desse modo, a partir das pesquisas de David Leopold, nem todos os *trierarchas* eram ignorantes nas artes náuticas e podemos apreender que há possibilidades de muitos terem adquirido a sua expertise marinheira no convívio marítimo, tarimbado junto a mari-

---

[25] Piloto da embarcação.

nheiros mais experientes. Desse modo, há também possibilidade de alguns desses *trierarchas adjuntos*, contratados a soldo para comandar embarcações, terem sido marinheiros que emergiram socialmente através da sua expertise náutica.

A *configuração social* em uma pólis marítima, como foi Atenas, dificilmente desistiria de empregar o uso técnico de quem fosse detentor de *know-how* marinheiro. A expertise do comando naval, entendido como especialidade em combate marítimo, quando se refere à defesa de soberania ou interesses marítimos, não era algo a ser desprezado. Tanto assim é que Tucídides buscou destacar em seu discurso as vantagens em possuir uma força *thalassocrática*[26], que fosse capaz de vetar o uso do mar aos inimigos e adversários: "podemos chegar rapidamente em qualquer ponto; com homens mais que todos, experimentados em atividades marítimas e melhor equipados sob todos os aspectos" (Tucídides, I: 80).

O domínio sobre o mar é tão importante que mesmo na Era Moderna também podemos encontrar situações análogas no que tange ao comando naval. Norbert Elias, ao analisar a Gênese da profissão naval na marinha britânica, identificava a existência de disputas entre grupos na sociedade inglesa entre os séculos XVI e XVIII (Almeida, 2011, p. 4-5). De um lado é possível identificar um grupo formado pelos *gentlemen*, membros da nobreza e da aristocracia

---

[26] *Thalassocracias* podem ser lidas dentro dos preceitos de *Sea-power* (Poder naval). Um dos primeiros a buscar uma definição para o conceito de poder marítimo foi Alfred Tayer Mahan. O historiador, entre 1879 e 1914, escreveu dezenas de livros sobre História e Estratégia navais, sendo que *The Influence of Sea: Power upon History 1660-1783*, de 1890, foi o mais significativo. Nele, Mahan passou a discutir os seis elementos que afetavam esse poder marítimo, que seriam a posição geográfica, a conformação física, a extensão territorial, o tamanho da população, o caráter nacional e o tipo de política governamental. As guerras ocorridas no mar entre 1660 e 1783 serviram para confirmar suas proposições em todo o decorrer do livro. Outras obras de Mahan se seguiram: *The Influence of Sea Power upon the French Revolution and Empire*, de 1892, e *Naval Strategy compared and contrasted with the principles and practice of military operations on land*, de 1911. Nessas obras o autor norte-americano procurou demonstrar mais uma vez a pertinência de suas conclusões. Outros livros de Mahan tiveram importância, podendo ser mencionados: *Retrospect and Prospect*, de 1902, e *Naval Administration and Warfare*, de 1908. Sua concepção está assentada em conceitos muito bem definidos no seu primeiro livro de 1890. Definiu que o poder marítimo seria integrado por dois elementos de natureza distinta, os interesses marítimos e o poder naval. Os primeiros congregavam valores econômicos e sociais, e o segundo, valores políticos e militares (Almeida, 2008, p. 5-6).

inglesa, com suas virtudes próprias: honra, berço e fina educação; de outro, membros das classes mais baixas, como comerciantes e artesãos, que primavam pela praticidade, eram reconhecidos pelo pouco refinamento e baixa educação formal. Da rivalidade entre os dois grupos, teria surgido a institucionalização da profissão naval na marinha inglesa (Almeida, 2011, p. 4-5). Há pontos comuns envolvendo a formação da profissão naval inglesa na Era Moderna e a *configuração social ateniense* vigente no século IV a.C. Em Atenas, durante a Era Clássica, muitos *oligois* começaram a ser eleitos para assumir a *trierarchia*, antes uma prerrogativa exclusiva de *aristhos*. Esses ricos emergentes atenienses, ao assumirem a *trierarchia*, eram vistos como *neo-trierarchas*, por serem oriundos de nicho social alheio à aristocracia e deterem como diferencial a expertise náutica, *nautai--tecné*. Tal condição somente viria a ser adquirida pelo marinheiro através da superação das limitações a que o ambiente marítimo o obrigava. Entre as dificuldades enfrentadas pelos marinheiros atenienses, podemos citar o convívio em longas jornadas, dividindo espaços diminutos e limitados das embarcações, enfrentando as adversidades junto a sua *galera*[27]. Na Era Moderna, segundo Norbert Elias, a especialização do corpo de oficiais na Marinha inglesa resultou da interdependência intensa entre membros da nobreza e grupos de oficiais emergentes dos nichos populares que conviviam navegando conjuntamente (Elias, 2007, p. 20).

O epicentro da problemática que faz sombra sobre a especialização das atividades do *trierarcha* perpassa pelo processo que definia a *trierarchia*. Vicent Gabrielsen, citando Aristóteles (*Polit.* 1291a), menciona que o principal critério para qualificar um cidadão para assumir a *trierarchia* seria ser rico (*plousoi*), e aos pobres (*penetes*) caberia o serviço funcional (Gabrielsen, 1994, p. 43-44). No entanto, buscamos apresentar ou revisar as reais incumbências em relação à atividade do *trierarcha*. Nesse caso, em especial, deve-se levar em consideração que a *trierarchia* desde a sua criação em Atenas no século V passou por transformações. Inseridos na *configuração social*

---

[27] Denominação dada às embarcações que se utilizam da força motriz de velas e remos.

do século IV a.C., muitos *trierarchas* eram marinheiros especializados, e não apenas financiadores da embarcação. Inclusive, alguns cidadãos eram reconhecidos como *neo-trierarchas*, por serem ricos, socialmente emergentes e contratados devido à sua expertise naval (Gabrielsen, 1994, p. 43-44).

Lionel Casson é defensor de que se tratava de mera coincidência o fato do *trierarcha* possuir alguma expertise naval, pois nem todos estavam diretamente comandando a tripulação a bordo do *trieres* (Casson, 1991, p. 86). Contudo, é possível encontrar informações de *trierarchas* que comandaram a tripulação estando diretamente a bordo da embarcação, a exemplo citamos documentações escritas e epigráficas que fazem menção a informações desta natureza: O Velho Oligarca (1.18); Xenofonte (*Hel.* 6: 2, 13-34); além das epigrafias (IGI2 75. 13. 36; IGI2 116, 24-25; IGI2 950.3. 42). As informações encontradas em documentações escritas e de origem na cultura material deixam transparecer que havia diversidades de *trierarchias,* no entanto o fator econômico trata-se de um consenso para que o cidadão fosse habilitado a exercê-la.

Em conformidade com Rosimary Peck em *Athenian naval finance in the classical period* (2001), as informações mais importantes no que diz respeito aos negócios financeiros e administrativos da Marinha ateniense podem ser encontradas nas epigrafias inscritas nas estelas Áticas. Ao estudar essas inscrições, a pesquisadora destaca a visão das práticas navais nos séculos V e IV a.C. Dentre outras coisas, poder-se-á definir como eram eleitos os *trierarchas* e que eles eram elegíveis de uma única maneira (Peck, 2001, p. 1).

Mary Peck aponta que as *trierarchias* permaneciam opcionais até certo ponto, pois é difícil dizer que o voluntariado em pagar por essa *liturgia* tratava-se de uma unanimidade. O *trierarcha* poderia ser elegível de cinco formas diversas: primeiro, pelo voluntariado; segundo – principalmente depois de 358/7 a.C. –, os homens poderiam ser formalmente convocados para assumi-la (*epidose naval*). Em terceiro, no caso específico de serem denunciados às autoridades por cometerem algum tipo de dolo e terem que cumpri-la por definição de sentença.

Em quarto, obrigados a financiar a *liturgia* para pagamento de uma dívida; quinto e por último, se fossem considerados mais ricos do que seus adversários políticos – *antidose naval* (Peck, 2001, p. 11).

A construção dos *trieres,* no exercício efetivo das *Trierarchias,* comprometia de maneira considerável a receita dos cidadãos eleitos a pagá-la, por isso, atenienses cogitaram a possibilidade de o serviço ser comutado. A medida, como afirma J. K. Davies, dá fortes evidências de que a tecnologia naval se dividia entre aqueles que podiam e aqueles que não podiam arcar com altos custos para o engrandecimento da pólis (Davies, 2008, p. 30).

A propósito dos gastos e articulações políticas, a *configuração social* da Era Clássica deixa vestígios que nos permitem identificar como os vetores políticos poderiam se organizar. Nessa toada, é possível estabelecer relações entre o exercício da *trierarchia* e a ação das *hetaireiai.*

A análise sobre a movimentação dos grupos políticos de *hetaireiai* teve seus primeiros estudos de modo sistemático na década de 1970 pelo pesquisador Olivier Aurenche na obra *Les groups d'Alcibíades, de Légoras et de Teucros: remarques sur vie politique athenienne em 415 anvant J. C.*, de 1974. O mais remoto uso da palavra *hetaireiai* consta no trabalho de Jorge Miller Caloun, de 1913, na obra *Athenian club in politic and litigation.* As *hetairiai* relacionam políticos influentes que tinham em torno de si companheiros dispostos a defender suas ideias diante das assembleias, incluindo, nesse contexto, a defesa diante dos tribunais (*Cf.* Mossé, 2004, p. 166).

Os financiamentos litúrgicos em Atenas, como já mencionamos, tratava-se de um importante elemento para a articulação política. Nesse propósito, a *trierarchia* era uma magistratura que poderia ser assumida por variadas motivações: recursos econômicos, liderança política, feitos realizados, ou por estarem quitando uma penalidade. Documentações que datam do século V a.C., como o Velho Oligarca, nos apresentam lamentações em custear a frota ou um festival teatral enquanto a população de baixos recursos apenas se beneficiava disso, vejamos:

> Quanto aos sacrifícios, ritos religiosos, festivais e templos, o demos – apesar de saber que é impossível aos indivíduos pobres oferecer sacrifícios, celebrar banquetes, estabelecer novos ritos e viver numa cidade bela e grandiosa –, mesmo assim descobriu uma maneira de fazer tudo isto (P. Xenof., 2.9).

Na visão dos segmentos oligarcas atenienses, a dicotomia: ricos (*plousoi*) *versus* pobres (*penetes*), ou ainda, poderosos e não poderosos, tratava-se de um problema que poderia ser resolvido segundo o sistema de governo adotado pela pólis. Um exemplo prático dessa teoria pode ser aprendido dos eventos que ocorreram após a derrota ateniense na Sicília, durante a Guerra do Peloponeso.

Após 415 a.C., Atenas perde parte considerável de sua frota e fica em situação militar e econômica difícil. Diante dessa *configuração social*, grupos *oligois* defendiam reduzir o acesso à cidadania e com isso minimizar o custeio das *liturgias* – nas quais as massas eram os grandes beneficiados –, equilibrando suas economias. Assim, em 411 a.C., as *hetairiai*, oriundas da oligarquia ateniense, buscaram implementar uma *politeia oligarca*.

Para obter sucesso em seus objetivos, *oligois* mantiveram contato com Alcebíades, o qual intentava retornar à pólis após o imbróglio envolvendo as estátuas de Hermes, que resultou no seu desterro. Alcebíades prometia conseguir o apoio financeiro e militar dos persas na guerra contra Esparta, caso sua sentença de banimento fosse abolida, e, nesse caso, seria implementado um sistema de governo oligarca que fosse pró-interesse dos persas, compensando o apoio recebido. Contudo, havia muitos grupos de *hetairiai* contrários a Alcebíades e que não admitiam sua volta. Diante dos empecilhos, Alcebíades se une aos apoiadores do sistema democrático e, comandando os marinheiros da frota ateniense que se encontrava aportada em Samos, retorna para Atenas e debela as pretensões das *hetairiai* oligarcas que visavam abolir o sistema democrático (Tucídides, VIII: 47).

O resumo dos fatos narrados por Tucídides ficou conhecido pela historiografia como *primeira tentativa de golpe oligárquico* e nos demonstra que a *configuração social* envolvendo as relações do comando naval (*trierarchia*) e articulação política das *hetairiai* atenienses ia além das muralhas e fronteiras da pólis. Para efetiva eficácia de suas pretensões, os grupos de *isoi* que compunham as *hetairiai* articulavam ocupar o maior número de magistraturas possível e os cargos de *trierarcha* eram os mais cobiçados devido à identidade marítima na qual Atenas se inseria, para isso, necessitavam de recursos pecuniários. Embora a riqueza não se tratasse do critério absoluto para ser eleito *trierarcha*, este era um dos principais fatores e havia número limite para se definir quem seria agraciado ou, nos casos específicos da *epidose*, obrigado a assumi-la (Peck, 2001, p. 11). Nesse contexto, muito embora pudessem ocorrer casos em que o *trierarcha* fosse indicado para quitação de uma dívida ou por sentença, não podemos dizer que a *trierarchia* tratava-se de punição para quem a recebia, pois o contexto social de produção do Período Clássico aponta que ela não era acessível a todos que quisessem, mas sim àqueles que podiam. Desse modo, a articulação política nas *hetairiai* poderia estar voltada – em seu âmbito interno – para definir quem seria o mais indicado a assumir a *trierarchia* com apoio do grupo não apenas sob aspecto político, mas também financeiro.

As *hetairiai*, ao se articularem politicamente, acabavam formando teias, interconectando seus membros, ligando os indivíduos uns aos outros e criando um modo específico de dependência recíproca, cuja reprodução supunha um equilíbrio móvel de tensões. Ao tornarem-se ligados uns aos outros, os grupos de *hetairiai* permitiam deslocar diversas oposições, mesmo aquelas que não eram recorrentes no âmbito restrito do seu nicho social. Os homens admitiam se relacionar com posturas políticas ou práticas sociais diferenciadas das suas sem perder a identidade, tanto aquelas que eram originadas pelos costumes – sociais – quanto aquelas que eram defendidas pelo segmento político – princípios filosóficos (Elias, 2001, p. 13).

Portanto, os sujeitos sempre permitem que haja um sistema de interdependência e vigilância entre si, que vise e lhes permita obter reconhecimento, prestígio e poder. Identificamos que era através dessa sistematização que a articulação política das *hetairiai* em Atenas atuava. A esse propósito citamos o fato de a comédia *Nuvens*, apresentada por Aristófanes em 423 a.c., ter permitido que disputas entre *aristhos* e *oligois* contribuíssem em certa medida à condenação de Sócrates no ano de 399 a.c. Grupos visando atingir seus adversários e sua *teia de interdependência* chegaram a acusar Sócrates de práticas não adequadas a um cidadão ateniense. Dentre as acusações que recaíram sobre Sócrates constava o uso da retórica sofística sem nenhum pudor ético, com riscos de afetar bases da formação cidadã ateniense, além de cultuar divindades estrangeiras, fora de locais adequados. Mesmo o filósofo não sendo estrangeiro e não demonstrando fazer uso da retórica visando corromper os valores da formação cidadã ou ferir os ritos religiosos atenienses, Sócrates foi acusado de impiedade e condenado à pena capital.

No cotidiano políade, através de *teias de interdependências*, *trierarchas* se conectavam aos seus *hetairós* e ampliavam sua *teia de interdependência* através de alianças com outras proeminentes personalidades e governos nos territórios por onde navegavam. *Trierarchas* também encontravam ambiente favorável para exercer influência sobre as massas de remadores que juntamente a eles navegavam a bordo dos *trieres*. Através do seu prestígio e influência sobre seus comandados nas longas jornadas que percorriam sobre os mares, *trierarchas* buscavam garantir a influência política da sua *hetairiai,* tendo sua magistratura renovada. As massas de remadores que movimentavam os *trieres* eram dependentes da política marítima de Atenas e buscavam votar em favor dos seus comandantes navais nas assembleias. Em uma *pólis* que se estruturava sobre pilares de uma política marítima, como fazia Atenas, *trierarchas* costumavam costurar alianças políticas junto a eloquentes oradores, certos de que teriam o apoio das massas de remadores exatamente por terem comandado marinheiros (Armstrong, 1949, p. 100-101 *apud* Peck, 2001, p. 12).

Esses marinheiros eram homens pobres e simples, sem grandes recursos pecuniários ou educação formal, e viam em seu *trierarcha* a extensão política da sua *tripulação*. Esses cidadãos pobres eram do segmento social *thete* e não possuíam propriedade agrária, eram dependentes do *óbulo* recebido pela jornada trabalhada e não detinham habilidades para discursarem em uma assembleia. Por tudo isso, acabavam se tornando um dos fios da *teia de interdependência* do seu *trierarcha,* criando uma codependência. Marinheiros dependiam de alguém que defendesse a manutenção da política marítima nas assembleias, e *trierarchas* necessitavam do voto desses marinheiros ao tentar renovar o exercício da sua magistratura. Ao incentivarem a manutenção da política marítima, os *thetes* que eram remadores veriam a garantia da manutenção da sua subsistência, assim como participariam dos festivais financiados por esse proeminente cidadão. Portanto, apesar do poder que os *trierarchas* detinham em conjunto com suas *hetaireiai,* formando rede de *interdependências* que alcançavam as massas de marinheiros pobres e exerciam sobre eles um determinado controle, não podemos categoricamente afirmar que esses remadores eram um joguete totalmente manipulável na mão das elites. Dentro do *jogo,* diferentemente das afirmações historiográficas que qualificam as massas pobres como facilmente manipuláveis, esses cidadãos de baixos recursos eram ciosos da sua importância social e faziam seus interesses pesarem nas assembleias populares através do voto.

CAPÍTULO III

TEIAS DE INTERDEPENDÊNCIAS DO TRIERARCHA: CONTATOS ENTRE AS REGIÕES DO MAR EGEU AO MAR NEGRO

Vicent Gabrielsen, em *Financing the Athenian fleet: public taxation in social relations* (1994), nos informa que manter uma frota mercantil, tanto quanto financiar a guerra naval, impunha altos gastos e exigia que os recursos fossem empregados de modo persistente. Fundos, mão de obra e madeira passaram a ser os três itens mais preciosos para qualquer pólis grega com aspirações navais. Na verdade, eles eram tão procurados, que boa parte da história diplomática e econômica do Período Clássico pode ser escrita em termos daqueles que detinham e aqueles que precisavam de um ou de todos esses recursos, pois a construção e manutenção dos navios era um empreendimento caro. Poucos ou nenhum tesouro governamental tinham capacidade de financiar tais projetos por conta própria ou de modo pleno. A operação das frotas *trieres* exigiam uma infraestrutura fiscal sólida e, por tudo isto, Atenas e outras poleis tiveram que recorrer ao sistema litúrgico da *trierarchia* (Gabrielsen, 1994, p. 6).

Os apontamentos de Vicent Gabrielsen nos permitem não somente analisar os assuntos atinentes às finanças políades, mas também realizar estudos de caso referentes às atribuições do *trierarcha* e como a *thalassa* – enquanto acidente natural – pode ser ferramenta útil para o exercício das suas funções.

A propósito das atribuições do *trierarcha* em Atenas, tivemos a oportunidade de avaliar que elas estavam atreladas ao financiamento naval e que a *trierarchia* estaria restrita aos cidadãos mais ricos e dotados de prestígio. Sabemos que prestígio, dentro dessa conjuntura, se refere à influência ou importância decorrente daquilo que alguém possua, ou *memória* por feitos admiráveis. Também sabemos que o grau do prestígio se torna dependente da *teia de interpendência*[28] e dos contatos que essas relações sociais e políticas podem gerar. Como nos apresenta Jean Nicolas Corvisier na obra *Os gregos e o mar* (2008, p. 18), a *thalassa* inserida nas relações comunitárias da sociedade helênica foi um obstáculo superado e tornou-se um veículo para exercer contatos, trocas, serviços através de diversas *teias interdependentes*.

Envolvidos em *teias de interdependência,* os indivíduos são orientados uns para os outros e unidos das mais diferentes maneiras. Desse modo, os indivíduos, ao se envolverem ou constituírem *teias de interdependência*, dão origem a configurações de muitos tipos: família, aldeia, cidade, estado, nações (Elias, 2001, p. 13). Compreendemos que o conceito pode ser aplicado onde quer que se formem conexões políticas e sociais humanas, isto é, em grupos relativamente pequenos ou em agrupamentos maiores.

Percebemos que Norbert Elias, nas suas reflexões a propósito das *teias de interdependência,* identifica que o sistema não aceita pressupostos de sociedades com fronteiras e limites especificáveis, pois as cadeias de interdependência escapam as delimitações e definições abrangentes (Elias, 2001, p. 13). Diante disso, compreendemos por que os contatos entre helenos não permaneceriam restritos às fronteiras marítimas do Mar Egeu e regiões mediterrânicas, atingiriam, inclusive, regiões longínquas como Colchida, no Mar Negro. Basta

---

[28] A teoria sociológica formulada por Norbert Elias ao analisar os processos sociais baseados nas atividades dos indivíduos. Para Norbert Elias, através de suas disposições básicas – suas necessidades – os indivíduos são orientados uns para os outros e unidos uns aos outros das mais diferentes maneiras. Esses indivíduos constroem teias de interdependência que dão origem a configurações de muitos tipos: família, aldeia, cidade, estado, nações. O conceito pode ser aplicado onde quer que se formem conexões e teias de interdependência humana, isto é, em grupos relativamente pequenos ou em agrupamentos maiores. Elias não aceita o pressuposto de que as sociedades têm fronteiras e limites especificáveis, pois as cadeias de interdependência escapam a delimitações e definições abrangentes.

analisarmos o discurso de Apolônio de Rodes na *Argonautika* para atestarmos a veracidade dessas inferências.

O discurso da *Argonautika* trata das relações de Jasão com o reino do Colchida e da aliança com o rei Ayeetes, através do casamento com sua filha, a princesa Medeia. Nesse contexto, o comando e os meios navais facilitavam as conectividades entre os grupos. A propósito das conectividades, a historiografia marcada por Fernand Braudel na obra *The Mediterranean,* mostra-se como ponto de inflexão no modo de analisar a relação entre os grupos que circulam ou encontram-se nucleados nos arredores do Mar Mediterrâneo. Antes, havia a preocupação em destacar o protagonismo dos grandes feitos de reis e proeminentes personalidades. A partir de Braudel, o Mar Mediterrâneo tornou-se um espaço de trocas culturais, de bens, serviços, mercadorias e pessoas. A abordagem de Fernand Braudel, em *The Mediterranean,* nos permite inferir que o mar pode ser compreendido como elemento produtor de *teias de interdependências* e integração entre pessoas e grupos políticos.

Sendo a territorialidade marítima uma espacialidade capaz de integrar, torna-se justificável que reinos e comunidades com extensa costa marítima procurassem tirar proveito da sua geografia para realizar comércio, contato e exercer poder. Nesse sentido, podemos citar os exemplos da ilha de Creta na Era Minoica, assim como Atenas na Era Clássica, devido à geografia privilegiada em relação ao ambiente marítimo. Ambas as comunidades adotavam políticas que privilegiavam o mar, fosse para se conectar, migrar de uma região a outra ou conduzir a diplomacia com aliados e adversários.

A propósito das migrações que se utilizavam do ambiente marítimo, Peregrine Horden e Nicolas Purcell estudaram o Mar Mediterrâneo sob abordagem etnográfica e buscaram destacar que a *thalassa* pode ser compreendida como unidade central para os gregos (Horden; Purcell, 2000, p. 89). Os pesquisadores advertem que é preciso romper a tradição que enxerga o Mar Mediterrâneo região de uso exclusivo de uma força hegemônica, pois há constantes contatos entre diversas sociedades, inclusive com aquelas que se encontram localizadas no eixo oriental. Desde a Idade do Bronze, há redes conectando pessoas em torno do mar, mesmo quando aparentavam estar fragmentadas (Horden; Purcell, 2000, p. 94).

A terra firme, embora possa oferecer maior segurança aos homens, torna as distâncias mais longas e, desse modo, deter recursos que permitam navegar se trata de uma necessidade, diante de uma geografia fragmentada por ilhas. O temor em enfrentar os mistérios da *thalassa* é fator considerável, e navegar afastado da costa traz a sensação de estar perdido e vulnerável (Kowalski, 2012, p. 84).

Quando gregos se encontravam afastados da costa, um dos recursos adotados para se orientarem era a leitura dos astros, no plano celeste. Homero (*Od.* XIV: 301-30) descreve Odysseus guiando por rotas marítimas observando as Plêiades, a constelação de Touro, as Ursas Maior e Menor, assim como Órion. No discurso épico, Odysseus demonstra estar temeroso de navegar em mar aberto, afastado da costa, pois Calypso havia lhe advertido para manter essas estrelas sempre à sua esquerda se quisesse chegar a terras fenícias em segurança. Sem a visão da costa, os marinheiros tinham apenas o céu e o mar como referência. Segundo J. M. Kowalski, a representação dos espaços marítimos na Antiguidade estava atrelada ao modo como os gregos pensavam seus limites geográficos, no qual a terra ancestral era a grande referência e porto seguro. Também por isso, havia a preferência pela navegação de cabotagem em comparação com a orientação celeste (Kowalski, 2012, p. 84). Tais fatores influem, inclusive, no modo como a cartografia do período era desenhada.

Christian Jacob, em *Géographie et ethinophie en Grèce Ancienne* (1991), aponta Odysseus como o grande fundador da escrita geográfica na Hélade – embora a maioria dos geógrafos gregos da Era Helenística se contraponham à descrição topográfica narrada nos épicos homéricos. Contudo, apesar das discordâncias, Odysseus assume o signo da antropologia geográfica dos gregos na Antiguidade, pois os homens buscavam identificar sua origem a partir das narrativas míticas e do discurso que descrevia as migrações humanas (Jacob, 1991, p. 16-17). Diante dessa sistematização, o mar é o grande protagonista. As relações diplomáticas dos reinos e governos políades lastreiam-se em elementos como habilidade de conhecer rotas navegáveis, ser capaz de guiar pessoas sobre essas rotas e habilidade oratória para selar alianças consistentes. Todo esse conjunto de predicativos gerava prestígio e acabava por possibilitar constituir *teias de interdependência,* gerando cooperação. Apolônio de Rodes, através do poema *Argonautika,* materializa todos esses predicativos existentes na *memória marítima* dos gregos. Inclusive, aquele que mostrasse ser um bom comandante naval receberia a proteção dos deuses. No discurso da *Argonautika,* Apolo – o deus dos vaticínios – anuncia os percalços que a tripulação do navio *Argo* deverá percorrer em conjunto, ao conviver a bordo dele na *thalassa,* vejamos: "Phebo evocará as façanhas de heróis antigos, que além da boca do Pontus e através de as Rochas Cianeas, por mandato do Rei Pelias guiarão o Argo, sólido, em busca do velo de ouro" (Apol. Rodes., *ARG.* I: 335-340).

A análise do discurso inserido sobre o poema *Argonautika* nos permite questionar as reais atribuições do *trierarcha* no seu comando naval. Embora o discurso da *Argonautika* traga a *memória marítima heroica* dos *andres agathoi,* a qual não deve ser temporalmente cotejada ao período em que a *trierarchia* se instituiu na Hélade, a narrativa demarca a *archeologia do comando naval,* na qual Jasão assume o comando político e operacional do navio *Argos.* Nessa conjuntura, Jasão não deveria apenas se preocupar com a adequada equipagem da embarcação, mas garantir também que nada faltasse e tudo estivesse em ordem, como podemos identificar na seguinte citação: "Tudo quanto convém ao equipamento de uma nave. Tudo está completamente em ordem e disposto para a partida" (Apol. Rodes., *ARG.* I: 335-340).

No discurso de Apolônio de Rodes é possível perceber também a ação operacional da *memória do comando naval,* pois deveria ser eleito ao comando o melhor preparado sob aspecto operacional e principalmente político, visto que deveria arbitrar litígios e selar pactos. A *archeologia do comando naval* não cedia a liderança àquele que era apenas dotado de maior riqueza, vejamos:

> Assim, por esse motivo não podemos demorar muito tempo na navegação, tão logo soprem os ventos. Porém, amigos, coloco que juntos, iremos no futuro

regressar à Hélade e juntos caminharemos na terra de Eetes, por isso elegerei agora sem receio o melhor de entre vós como chefe, que vele por cada coisa, para decidir sobre disputas e pactos com os estrangeiros (Apol. Rodes., *ARG.* I: 860).

A *memória do comando naval* também nos permite apreender que não bastava ao *trierarcha* ser um exímio guerreiro e conhecedor dos processos técnicos, antes de tudo, um bom *trierarcha* deveria ser um bom negociador. Suas atividades incumbiam negociar a troca de bens, serviços, tecnologia e movimentação de pessoas dentro de um processo de colonização ou fundação de territórios.

A movimentação populacional sempre foi ação característica da vida helênica. No entanto, a grande expansão para fora do Mar Egeu deu-se do século VIII a.C. ao VI a.C., ressaltando que os antigos gregos sempre se movimentaram em torno da área do Mediterrâneo, fundando ou participando de novos povoados permanentes – não apenas entre os séculos VIII a.C. e VI a.C. (Cartledge, 2002, p. 86). Portanto, torna-se falacioso afirmar que os gregos eram raças genuínas e puras.

Sob a ótica da pesquisadora Margalit Finkelberg, a população grega formava um grupo *multiétnico* de recém-chegados que interagiam com a população nativa da Hélade (Finkelberg, 2005, p. 28). François Polignac, sobre os assentamentos de novos territórios, formação de colônias e migrações populacionais na Hélade, afirma que o antigo debate a propósito da vocação (comercial ou assentamento) dessas fundações sofre modificações segundo o período de análise, pois em dado recorte temporal: "o movimento de colonização torna-se 'processo de aquisição' cuja forma imediatamente manifesta é, na maioria dos casos, a conquista de novas terras e o excesso de bens". Assim geraram-se novas atividades e novas correntes de trocas, graças às quais o mundo grego por inteiro, e não somente as cidades coloniais, pôde sustentar o processo do crescimento de aquisições (Polignac, 1984, p. 94). Todo esse processo de aumento das aquisições possibilitou a emergência de novas *teias de interpendência*. A *thalassa*, dentro desse contexto, tornou-se um importante ou maior vetor de comunicação entre as lideranças dos grupos comunitários e a figura do *trierarcha*, no exercício das suas atribuições, necessitava ser capaz de transcender a ação exclusiva de construir barcos.

Em conformidade com Maria Regina Candido (2017, p. 36), o Mar Egeu e o Mediterrâneo permitiram contatos e interações entre culturas de diferentes etnias. Diante da estabilidade da natureza marítima, o comércio de diferentes produtos foi favorecido, tais como: pedras das ilhas Cíclades, mármore da Magna Grécia; couro oriundo do Chipre e Sardenha; o ferro da península Ibérica; ouro da região de Thásos e Trácia; prata da Andaluzia, bem como cereais da chamada região do Pó, Campânia e Sicília. Tais produtos e bens fornecem indicativos sobre identidades e práticas de diferentes: culturas, crenças e tradições em todo o Mediterrâneo. Essa ação de contatos e trocas se estendia para além do Mar Egeu e Zonas mediterrâneas, indo até o Mar Negro, na região de Colchida.

A região de Colchida era rica em metais preciosos, fator que fomentava o processo de troca e contatos com este território, principalmente por parte dos gregos. Segundo Anna M. Ckonia, a presença de ouro na região é considerada uma das forças motrizes que impulsionaram o processo de migração dos gregos para a região de Colchida. A região era conhecida na Antiguidade como uma região rica em metais preciosos, principalmente o ouro. A região, inclusive, teria recebido na Era Moderna a nomenclatura de "terra clássica do ouro" (Ckonia, 2002, p. 263).

Ao cotejarmos a narrativa mítica de Jasão em diálogo que reúne diversos campos do conhecimento, dentre eles História, Arqueologia e Geologia, podemos identificar que as técnicas de mineração para extração de metais preciosos como o ouro mantêm particularidades pertinentes às relações de troca e às *teias de interdependência* que uniam gregos e comunidades nucleadas em Colchida na Antiguidade. Segundo Anda Ckonia, o Tosão simbolizava o ouro, e a riqueza local despertava o interesse de manter contatos com a região (Ckonia, 2002, p. 263). Geólogos descobriram evidências de que uma área montanhosa de Svaneti, hoje noroeste da Geórgia, tratava-se de um local rico em ouro na Antiguidade e hoje tem se discutido a possibilidade de ser a região descrita na lenda dos Argonautas. O território estaria inserido como parte do rico reino dos Colchis, no qual a pele de carneiro seria utilizada para capturar ouro dos córregos da montanha. Esta prática seria uma das principais técnicas de mineração, cujo velo seria usado para alinhar o fundo dos leitos arenosos, aprisionando pequenos grãos de ouro que se acumulavam sobre o manto de lá (Ckonia, 2002, p. 263). Nesse cenário, o velo servia como ferramenta de mineração e, na Antiguidade, dava ao carneiro a peculiaridade de ser visto como elemento mítico e mágico. Há vestígios arqueológicos que denotam que o carneiro poderia receber culto e, através disso, motivar o contato entre gregos e habitantes da região de Cholchida, *colchis*.

Dentre os vestígios oriundos da cultura material encontrados na atualidade, consta a escultura de bronze de um pássaro com cabeça de carneiro, localizada nas aldeias de Svaneti. De acordo com Avtandil Okrostsvaridze, geólogo do Instituto de Ciências da Terra da Universidade Estadual de Ilia, na Geórgia, a história de Jasão e sua busca em encontrar o Velocino de Ouro pode ser uma narrativa que envolve a técnica da mineração de ouro, utilizando-se a pele de carneiros (Okrostsvaridze, 2010).

A partir da narrativa mítica de Apolônio de Rodes, podemos apreender que Jasão como *trierarcha* estaria exercendo uma relação de troca entre gregos e o reino de Colchida, recebendo dos *cholchis* a técnica de mineração e em troca poderia estar oferecendo uma aliança entre os grupos políticos da região que mantinham oposição ao rei Ayetes, pois, após tomar o *Velocino de Ouro,* Jasão parte com a promessa de casamento com a princesa Medeia, filha do rei, como podemos ver na seguinte citação:

> Infeliz, que o próprio Zeus Olímpico junto com sua esposa Hera sejam as únicas testemunhas do juramento em te instalar em minha morada, quando chegarmos do regresso a minha terra na Hélade. Assim lhe disse, no instante que uniu a mão direita de Medeia a sua mão. Ela (Medeia), nos incitou a conduzir imediatamente a ligeira nave pelo bosque sagrado, a fim de durante a noite, tomar o Velocino

contra a vontade do rei Eyetes (A. Rodes, *Argonautika*, IV: 95-100).

Portanto, a partir da análise do discurso inserida sobre a *Argonautika*, podemos inferir que Jasão, atuando como *trierarcha*, se inseria dentro de uma *memória marítima do comando naval*, deixando transparecer que a tradição do comando marítimo colocava o *trierarcha* como um chefe de embaixada ou principal vetor de contato entre culturas diversas. A questão toma pertinência em razão de Jasão figurar como um *andres agathoi*, dotado de posses e contatos que lhe conferiam prestígio. Todos esses atributos impulsionam as motivações que o conduziam a investir na construção da *Argos*, ampliar sua *teia de interdependência* com forças internas e externas à sua comunidade para retomar seu trono usurpado pelo seu tio Pélias.

O fato de Jasão se unir e se alinhar com Medeia, mesmo com a resistência do rei Ayeetes, pai da princesa de Colchida, demonstra que ele representava grupos e comunidades gregas que mantinham estreita relação e contatos com comunidades além das zonas de fronteiras orientais helênicas. Jasão e seus contatos com comunidades localizadas na região do *Oriente próximo*[29] simbolizam a *teia de interdependências* que circula no universo envolvendo gregos e demais culturas além do Mar Egeu, na qual as possibilidades de trocar metais preciosos ou adquirir técnicas de mineração mostram-se como pontos relevantes para fomentar esses contatos. Toda a diplomacia exercida através do *comando naval*, em maior ou menor grau, resgata a *memória marítima* que os atenienses buscaram exercer no âmbito das suas relações na *Segunda Liga Ateniense*.

---

[29] O historiador Ciro Flamarion Cardoso, em *Sociedades do Antigo Oriente Próximo* (1995, p. 9), explicita as delimitações temporais e espaciais vinculadas à expressão "Oriente Próximo", demonstrando que se trata de uma faixa de terra que alternava planícies férteis e áreas desérticas, localizada numa região que se estendia do litoral do Mar Negro, das montanhas do Cáucaso, da costa meridional do Mar Cáspio e das montanhas a leste deste, indo em direção ao sul, até a primeira catarata do Nilo, o Mar Vermelho, os desertos da Arábia, o golfo Pérsico e o Mar de Omã; e de oeste para leste, do Mediterrâneo Oriental e do Egito até o rio Indo. Desta forma compreendia o espaço hoje ocupado, na essência, por nove países atuais da África e, sobretudo, da Ásia: Egito, Turquia, Síria, Líbano, Israel, Jordânia, Iraque, Irã e Afeganistão.

Na formação da *Segunda Liga Ateniense*, descrito na inscrição *IG* II² 40, Atenas se compromete a assumir todos seus membros como aliados, *synedroi*, e não repetir atos prepotentes do passado. No entanto, em meados dos anos 360 a.c., atenienses impõem a milhares de *clerucos* das cidades aliadas – dentre elas Samos – o antigo esquema desproporcional de exploração que adotou no *primeiro arché* – Liga Délica. Não é parte desta pesquisa adentrarmos as motivações que conduziram atenienses a assumir, no comando da *Segunda Liga*, postura austera análoga à exercida durante a Liga Délica, porém é pertinente destacarmos que no século IV a.c. havia um conflito entre dois arquétipos de *memória do comando naval*. Um grupo ligado à antiga tradição *andres agathoi*, dos provedores, e outro que prezava pelo pragmatismo financeiro, próximo do universo dos emergentes *oligois*. Embora nem todo *trierarcha* fosse um exímio marinheiro, a análise do discurso inserido sobre as documentações épicas e clássicas deixa transparecer que ambos os modelos primavam pela expertise náutica, recursos, capacidades de arbitrar litígios, selar alianças e fazer ampliar o prestígio próprio da sua *hetariai* e poder da sua comunidade. Ambos os arquétipos demonstram que o *trierarcha* não estava limitado ao financiamento e construção de barcos, mas sim em ser o eixo central das *teias de interdependências* que envolviam diversos grupos políticos em comunidades marítimas. Nessa toada, ressaltamos a conectividade diplomática que o mar oferece aos vetores políticos que, em razão da sua existência, encontram-se envolvidos em *teias de interdependências*.

Desde a Antiguidade, permitir o uso, negar ou compartilhar o acesso ao mar tratava-se de um importante fator. Desse modo, concluímos que a figura do *trierarcha*, no mundo Antigo, não poderia estar limitada apenas a financiar a construção de barcos, mas era, em verdade, um eixo de contato entre grupos distintos. O *trierarcha* atuava como uma importante ferramenta da diplomacia, da qual as atividades práticas exigiam apuradas habilidades, fosse a bordo ou fora dos *trieres*. O poema *Argonautika* apresenta Jasão como um ícone dessa *memória do comando naval*, o qual demarcou um importante traço da história helênica.

CONCLUSÕES

A propósito das atribuições do *trierarcha* em Atenas inserido dentro da *archeologia do comando naval* entre os gregos, podemos inferir em linhas gerais que elas devem ser analisadas dentro de um período de longa duração em que circula o *velho tempo da memória,* o qual mantém o passado unido ao presente pelas tradições e feitos ancestrais. Através dos meandros pelos quais a *memória* se articula, tivemos a oportunidade de analisar o *jogo* envolvendo grupos políticos em Atenas entre o final do século V e a primeira metade do século IV a.C.

O discurso de Apolônio de Rodes, presente na *Argonautika,* quando se encontra cotejado a documentações escritas ou documentações oriundas da cultura material, como as epigráficas da Era Clássica, permite emergir a *memória do comando naval* entre os gregos. Inserida na *memória do comando naval,* a *trierarchia* figura como vetor político através do qual os grupos políticos se enfrentam em disputas pelo poder, e o *demos,* como integrante do *jogo,* torna-se uma força de contrapeso que impede a uma das partes se investir de poder desmesurado.

Atenas havia se tornado uma potência marítima no século V a.C., no entanto os primeiros passos para essa hegemonia tiveram início dezenas de décadas atrás. Os primeiros passos da hegemonia marítima ateniense ocorrem já nas medidas empreendidas por Sólon ao início do século VI a.C., quando o legislador e *archonte* ateniense buscou inserir Atenas no circuito comercial da Hélade. Diante dessas medidas, Atenas rivalizou com outras poleis no campo comercial e iniciou disputas que lhe geraram conflitos bélicos. A necessidade de obter meios marítimos e aperfeiçoar seu comando naval levou Atenas a superar adversários em disputas bélicas e comerciais, dentre eles citamos Egina e Pérsia.

Com a inserção do sistema democrático, Atenas buscou superar eginetas ao início do século V a.C. adquirindo duzentos (200) embarcações do tipo *trieres* e recorreu ao segmento menos provido de recursos para movimentá-las na condição de remadores. O decreto de Temístocles citado por Plutarco (Temístocles, 10) institui a *trierarchia* oficialmente em Atenas, no entanto o ato de financiar e comandar uma embarcação era uma tradição em toda a Hélade. Basta analisarmos os discursos épicos de Homero a Apolônio de Rodes que encontraremos diversos discursos que rememoram os feitos heroicos dos ancestrais sobre o mar. Nesses discursos é possível identificarmos exímios comandantes navais como Odysseus e Jasão.

Tucídides é um dos autores clássicos que recorrem à *memória* visando legitimar a ação e tradição *thalassocrática* adotada pelos atenienses após a vitória sobre os persas e a criação da Liga Délica em 478 a.C. Podemos identificar a eficácia do discurso mnemônico marítimo junto à comunidade ateniense, quando por duas vezes os grupos buscam instituir um *politeia oligarca,* porém têm seus planos debelados pelas forças democráticas que exerciam poder através das atividades marítimas.

Em 411 a.C., os marinheiros aportados em Samos, sob o comando de Alcebíades, destituem os *estrategos* pró-oligarquia em Atenas e restabelecem o sistema democrático. Já em 404 a.C., as forças pró-democracia, das quais se destacam as ações de Trasybolo, a partir do porto do Pireu em Atenas, permitem restabelecer a democracia após vigorar o governo que ficou conhecido como *os Trinta*. A partir desses eventos, há todo um *jogo* envolvendo atenienses e demais poleis insatisfeitas com a intervenção espartana em suas políticas internas, e agrupados como *synedroi* acabam criando a Segunda Liga Ateniense em 378 a.C., através do decreto de Aristóteles inscrito na epigrafia, *IG* II² 40.

A propósito do *jogo* envolvendo as articulações políticas das *hetairiai* no seu âmbito interno, é possível identificar que as movimentações se voltavam para definir quem seria o mais indicado a assumir a *trierarchia*, sob o apoio do grupo, não apenas para tratar de aspecto político, mas também financeiro. As *hetairiai* ao se articularem politicamente formavam *teias de interdependência* entre seus membros, pois os indivíduos estavam ligados uns aos outros, criavam diversificados modos de dependências recíprocas, produzindo equilíbrio entre as tensões que envolviam o grupo no seu interior. Por estarem ligados uns aos outros, as *hetairiai* permitiam deslocar as diversas oposições internas para um interesse comum. Na busca de atingir seus objetivos, os interesses das *hetairiai* poderiam fazer sombra, mesmo para aqueles que não integravam o grupo, envolvendo outros grupos fora do seu nicho social na sua *teia de interdependência* para que os objetivos do grupo fossem atingidos.

Através dessa *teia de interdependência,* os homens admitiam se relacionar através de posturas políticas ou práticas sociais diferenciadas das suas, sem perder a identidade. Essa postura, no *jogo* político, abrange tanto as que são originadas pelos costumes – sociais – quanto aquelas que eram defendidas pelos discursos políticos – filosóficos (Elias, 2001, p. 13).

Portanto, os sujeitos permitem que haja um sistema de interdependência e vigilância entre si. Esse tensionamento permite que o indivíduo legitime e adquira socialmente não apenas reconhecimento e prestígio, mas que possa exercer poder. Identificamos que era através dessa sistematização que a articulação política das *hetairiai* em Atenas atuava.

Era por meio de uma articulação política, inserida em uma *teia de interdependência*, comum às *hetairiai* – em seu âmbito interno –, que o grupo definia o cidadão mais indicado a assumir a *trierarchia*. Portanto, os sujeitos se engajam em um sistema de interdependência e vigilância entre si e do seu grupo *hetairoi* que lhes permite obter poder e prestígio, consolidando a esfera da sua sistematização política.

Nessa sistematização o mar assume protagonismo através das relações diplomáticas que envolvem reinos e governos políades. O prestígio é o lastro pelo qual as *teias de interdependência* geram cooperação, e, em *Argonautika*, Apolônio de Rodes materializa as práticas envolvidas no *jogo* que circula em torno da *memória marítima* e da *archeologia do comando naval.* Virtudes como riqueza, boa articulação política e prestígio são valorizadas para garantir recursos escassos em seu corpo social de origem, por isso, qualidades fundamentais para que um proeminente cidadão fosse eleito *trierarcha.*

A propósito das conectividades entre gregos e os habitantes da região de *colchis,* devemos nos atentar que o reino de Colchida encontrava-se localizado em uma zona territorial rica em metais preciosos. A presença do ouro na região foi uma das forças que impulsionaram a migração dos gregos para o lugar (Ckonia, 2002, p. 263). Dentre os vestígios oriundos da cultura material encontrada na região, consta a escultura de bronze de um pássaro com cabeça de carneiro, localizada nas aldeias de Svaneti. De acordo com Avtandil Okrostsvaridze, a história de Jasão e sua busca pelo Velocino de Ouro seria uma narrativa que envolve a técnica de mineração do ouro que se utiliza da pele de carneiros (Okrostsvaridze, 2010).

Na narrativa mítica de Apolônio de Rodes, Jasão exerce seu comando naval, podendo estar mediando a relação de troca entre gregos e reino de Colchida. O herói receberia dos *cholchis* a técnica da mineração e, em troca, selaria aliança com grupos políticos que formavam oposição ao rei Ayetes, pois Jasão se une a princesa Medeia sem as graças do rei.

A prática de mediar relações diplomáticas se manteve viva na *memória do comando naval* e no século IV a.C. havia dois arquétipos de comandantes navais: um ligado à antiga tradição dos provedores *andres agathois*; e outro ligado ao pragmatismo de priorizar recursos pecuniários, comum ao universo dos *oligois*. Ambos os modelos possuem em comum a prerrogativa de não se limitar ao financiamento de construção de barcos, mas atuar como eixo central nas *teias de interdepend*ências que envolvem os grupos políticos.

Desse modo e por fim, a figura do *trierarcha* não estaria limitada ao financiamento ou à construção de barcos. O *trierarcha* se apresenta como importante ferramenta diplomática e Jasão, inserido na *archeologia do comando naval,* torna-se um ícone que marcou o traço da história helênica.

DOCUMENTAÇÃO E BIBLIOGRAFIA GERAL

ALMEIDA, Francisco Eduardo Alves de. Alfred Thayer Mahan: o homem. *Revista Marítima Brasileira*, Rio de Janeiro, v. 129, n. 4-6, abr./jun. 2009.

ALMEIDA, Francisco Eduardo Alves. Jovens Nelsons: a formação da oficialidade naval britânica no século XVIII. *In*: SIMPÓSIO NACIONAL DE HISTÓRIA, 26., 2011, São Paulo. *Anais* [...]. São Paulo: Anpuh, 2011.

ALMEIDA, Francisco Eduardo Alves. O Poder Marítimo segundo a concepção de Sir Herbert William Richmond (1871-1946): uma análise comparada com Alfred Thayer Mahan. *In*: ENCONTRO REGIONAL DE HISTÓRIA: PODER, VIOLÊNCIA E EXCLUSÃO, 19., 2008, São Paulo. *Anais* [...]. São Paulo: Anpuh, 2008.

AMIGUES, Suzane. Termes techniques de construction navale dans Théophraste. *In*: REVUE ARCHÉOLOGIQUE. *Nouvelle Série*. França: Presses Universitaires de France, 1990. Fascículo 1, v. 7, n. 1-3, p. 85-96. Disponível em: http://www.jstor.org/stable/41738280. Acesso em: 21 fev. 2014.

ARAÚJO, Felipe Nascimento. *Os coros musicais como lugar antropológico na comunidade política de Atenas no processo de instauração da isonomia em Clístenes no final do século VI a.C.* 2018. Dissertação (Mestrado em História) – Universidade do Estado do Rio de Janeiro, Rio de Janeiro, 2018.

ARISTÓFANES. *Aves.* Tradução de Maria de Fátima Sousa Silva. Lisboa: Edições 70, 1989.

ARISTÓFANES. *Les Cavaliers – Les Nuées.* Texte établi par Victor Coulon et traduit par Hilaire Van Daele. Cinquième Édition revue et corrigée. Paris: Boulevard Raspail, 1952.

ARISTÓFANES. *Paz.* Introdução, versão do grego e nota de Maria de Fátima de Souza e Silva. Coimbra: Universidade de Coimbra, 1984.

ARISTÓTELES. *A Constituição de Atenas.* Trad. Francisco Murari Pires. São Paulo: Hucitec, 1995.

ARISTÓTELES. *A política.* Trad. Nestor Silveira Chaves. São Paulo: Atena, 1957.

ARMSTRONG, James I. *The trierarchy and the tribal organization of the Athenian navy.* London: University Microfilms, 1979.

BACZKO, Bronislaw. A imaginação social. *In:* LEACH, Edmund *et al. Anthropos-Homem.* Lisboa: Imprensa Nacional/Casa da Moeda, 1985.

BAKEWELL, Geoffrey. Trierarchs' records and the Athenian naval catalogue (IGI³ 1032). *In:* MACKAY, Anne Elyse Tuttle. *In:* ORALITY, LITERACY, MEMORY IN THE ANCIENT GREEK AND ROMAN WORLD. *Mnemosyne Supplementa 298.* Leiden/Boston: Brill, v. 7, 2008. Suplemento. p. 142-157.

BASS, George F. Cape Gelidonya: a bronze age shipwreck, transactions of the American philosophical society. *American Philosophical Society Press,* Philadelphia, v. 57, pt. 8, p. 1-177, 1967.

BONDÌ, Sandro F. Le commerce, les echanges, l'economie. *In:* KRINGS, Veronique (ed.). *La civilisation phenicienne et punique.* Manuel de Recherche. Leiden: E. J. Brill Ed., 1995.

BONNER, Robert J. The legal setting of Isocrates' Antidosis. *Classtcal Philology,* [*s. l.*], v. 15, abr. 1920.

BRAUDEL, Fernand. *Memória do mediterrâneo*: pré-história e Antiguidade. Edição estabelecida por Roselyne de Ayala e Paule Braudel. Trad. Teresa Antunes Cardoso, José M. Lopes, Isabel Aubyn, Amélia M. Joaquim. Rio de Janeiro: Multinova, 2001.

BUSTAMANTE, Regina Maria da Cunha. Império Cartaginês, a luta pela hegemonia no Mediterrâneo Ocidental. *In:* SILVA, Francisco Carlos

Teixeira da; CABRAL, Ricardo Pereira; MUNHOZ, Sidney José (org.). *Os impérios na história*. Rio de Janeiro: Campus Elsevier, 2009. p. 15-26.

CANDIDO, Maria. *Atenas liderança unipolar no Mar Egeu*. Rio de Janeiro: UERJ/ NEA: Letras e Versos, 2016.

CANDIDO, Maria. Sólon e as fronteiras sagradas da região de Elêusis. *In*: SIMPÓSIO DE HISTÓRIA NACIONAL, 27., 2013, Natal, RN. *Anais* [...]. São Paulo: Anpuh, 2013.

CARDOSO, Ciro Flamarion. *Sociedades do Antigo Oriente próximo*. São Paulo: Ática, 1986.

CARTAULT, A. *La trière Athénienne*: étude d'arqueologie navale. Paris: Introvables, 2001.

CARTER, L. B. *The quiet Athenian*. Oxford: Clarendon Press, 1986.

CARTLEDGE, Paul (org.). *História ilustrada da Grécia Antiga*. Trad. Laura Alves e Aurélio Rabello. 2. ed. São Paulo: Ediouro, 2009.

CASSON, Lionel. *The ancient mariners*: seafarers and sea fighters of the mediterranean in ancient times. 2. ed. Princeton: Princeton University Press, 1991.

CHRIST, Matthew R. *The bad citzen in calassical Athens*. Cambridge: University Press, 2006.

COALT, John Francis; PLATIS, S. K.; SHAW, J. T. *The trirreme trials 1988*: report on the anglo-helênic sea trials of Olympias. Oxford: Oxbow Books, 1990.

CORBETT, Julian. *Some principles of maritime strategy*. London: Longmans, Green and Co, 1911.

CORVISIER, Jean-Nicolas. *Les Grecs et la mer*. Paris: Les Belles Lettres, 2008.

DAVIES, John Kenyon. Greece after the Persian Wars. *In: The cambridge ancient history*. 2. ed. Cambridge: Cambridge University Press, 2008. 5 v.

DUARTE, Alair Figueiredo. *Os remadores e as fronteiras marítimas de Atenas no século V a.C.* Curitiba: Appris, 2021.

ELIAS, Norbert. *A sociedade de corte*: investigação sobre a sociologia da realeza e da aristocracia de corte. Trad. Pedro Süssekind; prefácio Roger Chartier. Rio de Janeiro: Jorge Zahar Ed., 2001.

ELIAS, Norbert. *Introdução à Sociologia*. Lisboa: Edições 70, 1999.

ELIAS, Norbert. *The genesis of the naval profession*. Dublin: University College Dublin Press, 2007.

FACHARD, Sylvian. *Erétria XXI: La défense du territorie*. Athènes: Ecole Suisse d'arqueologie em Grèce, 2012.

FINLEY, Moses I. *Estudios sobre Historia Antigua*. Madrid: Editorial Akal, 1990.

FINLEY, Moses I. *The ancient economy*. Califórnia: University of California Press, 1999.

GABRIELSEN, Vincent. *Financing of the Athenian fleet*: public taxation and social relations. Baltimore: Johns Hopkins Press, 1994.

GABRIELSEN, Vincent. *Financing the Athenian fleet*: public taxation and social relations. Baltimore: Johns Hopkins University Press, 1994.

GARLAN, Yvon. Fortifications et histoire grecque. *In:* VERNANT, Jean Pierre. *Problèmes de la guerre en Grèce ancienne*. Paris: École des Hautes Études en Sciences Sociales, 1999.

GARLAN, Yvon. *Guerra e economia na Grécia Antiga*. Trad. Cláudio Cesar Santoro. Campinas: Papirus, 1991.

GARLAND, Robert. *The Piraeus*: from the fifth to the first century b.C. London: Duckworth, 1987.

GILBERT, Gregory Philip. *Ancient Egyptian*: sea power and the origin of maritime forces. Canberra, Australia: Department of Defence and the Royal Australian Navy, 2008.

GOLDSWORTHY, Adrian. *The fall of Carthage the Punic Wars 265–146 b. C.* London: Casell, 2003.

GRIMAL, Pierre. *Teatro antigo*. Lisboa: Edições 70, 1986.

GUIMARÃES, Hilton Catazaro. *O imperialismo na cultura clássica*. Bauru, SP: Edipro, 2011.

HARRIS, Willian; IARA, Kristine. (org.). Maritime Technology in the Ancient Economy: Ship-Design and Navigation. *Journal of Roman Archaeology Supplementary Series*, Hardcover, jul. 15, 2001.

HERODOTO. *Historias*. Introducción, versión, notas y comentarios de Arturo Ramirez Trejo. Ciudad de México: Universidad Nacional Autónoma de México, 1984.

HOMERO. *A Ilíada*. Trad. Carlos Alberto Nunes. Rio de Janeiro: Ediouro, 2001.

HOMERO. *Odisseia*. Trad. Carlos Alberto Nunes. Rio de Janeiro: Ediouro, 2000.

HORDEN, Peregrini; PURCELL, Nicholas. *The corrupting sea*: the study of mediterranean History. Oxford: Blackwell publishers, 2000.

JAEGER, Werner Wilhelm. *Paideia*: a formação do homem grego. Trad. Artur M. Moreira. São Paulo: Martins Fontes, 2001.

JAPIASSÚ, Hilton; MARCONDES, Danilo. *Dicionário de Filosofia*. Rio de Janeiro: Zahar, 2001.

KAISER, Brooks. The Athenian trierarchy: mechanism design for the private provision of public goods. *The Journal of Economic History*, Cambridge, v. 67, n. 2, p. 445-480, jun. 2007. Disponível em: https://www.researchgate. net/publication/4855869. Acesso em: 5 jun. 2014.

KOWALSKI, Jean-Marie. *Navegation et geographie dans l'antiquité Greco--Romaine*: la terre vue de la mer. Paris: Picard, 2012.

LACERDA, Ticiano Curvelo Estrela de. *As reflexões metadiscursivas no discurso atidose de Isócrates*. 2016. Tese (Doutorado em Letras Clássicas) – Universidade de São Paulo, São Paulo, 2016.

LAMBERT, Andrew. *Seapower states*: maritime culture, continental empires and the conflict that made the modern world. London: Yale University press, 2018.

LAMBERT, Stephen. *Inscribed Athenian laws and decrees 352/1-322/1 b.C.: epigraphical essays*. Leiden: Brill, 2012.

LANGER, Jony. As origens da Arqueologia Clássica. *Revista do Museu de Arqueologia e Etnologia*, São Paulo, v. 9, p. 95-110, 1999.

LE GOFF, Jacques *et al. História e memória*. Trad. Bernardo Leitão. Campinas, SP: Editora da Unicamp, 1990.

LEAL, Andréa Magalhães da Silva. *O lugar antropológico identitário dos helenos da apoikia de Lócris Epizefíri em torno dos santuários de Afrodite, no século V a.C. 2017*. Dissertação (Mestrado em História) – Universidade do Estado do Rio de Janeiro, Rio de Janeiro, 2017.

LEOPOLD, David. *The trierarchy and Athenian civic identity.* Berkeley: University of California, 1994.

MANTAS, Gil Soares. *O valor do poder naval na Antiguidade Clássica.* O exemplo romano. Academia de Marinha, XI Simpósio de História Marítima, Lisboa, 2013. p. 53-95.

MARTINS, Pedro Ribeiro. *Pseudo-Xenofonte*: a constituição dos atenienses. Coimbra: Centro de Estudos Clássicos e Humanísticos da Universidade Coimbra, 2011.

MOMIGLIANO, Arnaldo. Sea-power in Greek thought. *The classical review*, Cambridge, Reino Unido, Cambridge University Press, v. 58, p. 1-7, maio 1944 [Revisado 27 out. 2009]. DOI: https://doi.org/10.1017/S0009840X00089344

MORRISON, John Sincleair.; COATES, John Francis. *The Athenian trireme*: the history and reconstruction of an ancient Greek warship. Cambridge: Cambridge University Press, 1986.

MOSSÉ, Claude. *As instituições gregas.* Trad. Antônio Imanuel Dias Diogo. Lisboa: Edições 70, 1985.

MOSSÉ, Claude. *Athens in decline: 404-486 b. C.* London: Routledge & Kegan Paul Ltd, 2014.

MOSSÉ, Claude. *Dicionário da civilização grega*. Trad, Carlos Ramalhete, com colaboração de André Telles. Rio de Janeiro: Jorge Zahar Ed., 2004.

MOSSÉ, Claude. Le rôle politique des armées dans le mond grec à l'époque classique. *In:* VERNANT, Jean Pierre. *Problèmes de la guerre em Grèece anciene.* Paris: École des Hautes Études en Sciences Sociales, 1999.

MOSSÉ, Claude. O Homem e a economia. *In:* VERNANT, Jean Pierre *et al. Homem grego.* Trad. Maria Jorge Vilar de Figueiredo. Lisboa: Editorial Presença, 1993.

NAVIO encalhado no canal de Suez: por que incidente pode piorar a economia global. *BBC New Brasil,* Londres, 26 mar. 2021.Disponível em: https://www.bbc.com/portuguese/internacional-56535868. Acesso em: 20 jun. 2022.

OBER, Josiah. *Mass and elite in democratic Athens*: rhetoric, ideology, and the power of the people. Princeton: Princeton University Press, 1989.

OBER, Josiah. *The original meaning of "democracy"*: capacity to do things, not majority rule. Blackwell: Oxford, 2008. (Journal compilation, v. 15, n. 1).

OKROSTSVARIDZE, Avtandil; BLUASHVIL, David. Mythical "gold sands" of Svaneti (Greater Caucasus, Georgia): geological reality and gold mining artefacts. *Bulletin of de Georgian National Academy of Sciences*, v. 4, n. 2, 2010.

OLIVEIRA, Francisco de; THIERCY, Pascal; VILAÇA, Raquel (coord.). *Mar greco-latino.* Coimbra: Universidade de Brest: Universidade de Coimbra, 2006.

PACK, Rosemary. *Athenian naval finance in the classical period*: the trierarchy, its place in the Athenian society, and how much did a trieres cost? The School of Archeological Studies. Leicester: The University of Leicester, 2001.

PACK, Rosimary. *Athenian naval finance in classical period*: the trierarchy, its place in Athenian society, and how much did a trieres. 2001. Dissertação (Mestrado em Ancient History and Archaeology) – University of Leicester, Leicester, 2001.

PLUTARCO. *Vidas paralelas.* Trad. Jorge Cano, David Hernández de la Fuente y Amanda Ledesma. Madrid: Editorial Gredos, 2007. (5 v: Lisandro-Sila, Cimón, Lúculo. Nicias, Craso)

PLUTARCO. *Vidas paralelas*: Theseo, Rômulo, Licurgo, Numa, Sólon, Pubícula, Temístocles, Camilo Péricles, Fábio Máximo. São Paulo: Paumape, 1991.

PSEUDO-XENOFONTE (Velho Oligarca). *A constituição dos atenienses.* Tradução do grego, notas e índices de Pedro Ribeiro Martins. Coimbra: Centro de Estudos Clássicos e Humanísticos da Universidade de Coimbra, 2011.

PUGA, Dolores. *As disputas políticas na arena do teatro ateniense*: um estudo comparado das hetarerias de Eurípedes e Aristófanes (415-405/4 a.C.). Tese (Doutorado em História Comparada) – Universidade Federal do Rio de Janeiro, Rio de Janeiro, 2018.

RODES, Apolônio. *Argonautika.* Introdução, tradução e notas de Mariano Valverde Sanches. Madrid: Editorial Gredos, 1996.

ROSELLI, David Kawalko. *Theater of the people*: spectators and society in ancient Athens. Austin: University of Texas Press, 2011.

SAGE, Michael M. *Warfarein ancient Greece.* London: Routledge, 2003.

SESTIER, Jules-Marie. *La piraterie dans l'antiquité.* Paris: Librarie de A. Maresq Ainé, 1880.

SILVERMAN, David Leopold. *The trierarehy and Athenian civic identity.* Berkeley: University of California, 1994.

TAILLARDAT, J. La trière athénien et la guerre sur mer aux V^a et IV^a siècles. *In:* VERNANT. *Problèmes de la guerre em Grèece anciene.* Paris: École des Hautes Études en Sciences Sociales, 1999.

THOMSEN, Christian Ammitzboll. *The Continuation of a civic obligation*: the Athenian trierarchy in the late third century. Athen: Det Danske Institut I Athen, 2017.

THUCYDIDES. *History of the Peloponnesian War.* Translated by Rex Warner, with an Introduction and Notes by Moses I. Finley. New York: Penguin Group, 1972.

TRABULSI, José Antônio Dabdab. *Ensaio sobre a mobilização política na Grécia Antiga.* Belo Horizonte: UFMG, 2001.

VERNANT, Jean Pierre *et al. Homem grego.* Trad. Maria Jorge Vilar de Figueiredo. Lisboa: Editorial Presença, 1993.

VERNANT, Jean Pierre *et al. Problèmes de la guerre em Grèece anciene.* Paris: École des Hautes Études en Sciences Sociales, 1999.

VERNAT, J. Pierre; VIDAL-NAQUET, Pierre. *Mito e tragédia na Grécia Antiga.* São Paulo: Brasiliense 1988.

VIOLANTE, Alexandre da Rocha. A teoria do poder marítimo de Mahan: uma crítica a luz dos autores contemporâneos. *R. Esc Guerra Naval*, Rio de Janeiro, v. 21, n. 1, p. 223-260, jan./jun. 2015.

WILSON, P. *The Athenian institution of the Khoregia*: the Chorus, the City, the Stage. Cambridge: Cambridge University Press, 2000.

XENOFONTES. *Helênicas.* Introccción, traducción e notas de Orlando Guntoñas Tunian. Madrid: Editorial Gredos AS, 1994.

GLOSSÁRIO

Andres Agathoi – termo usado pela helenista Maria Regina Candido, do PPGH-UERJ, para definir a relação de *philia* entre os *aristhos* na Era Clássica, que buscavam manter tradições e práticas ancestrais do ciclo aristocrático dos Heróis, diversificando-se dos ricos emergentes, chamados *oligoi*.

Agon – contenda, luta, qualquer disputa, inclusive os festivais teatrais e jogos olímpicos.

Ágora – centro de comércio urbano da pólis, também lugar de debate e vida social.

Antidose – ação de trocas de bens ou fortuna em Atenas. O acusado que viesse a perder um processo, teria de trocar toda sua fortuna ao seu acusador. Desse modo, o acusador passaria a ter mais posses e pagaria o financiamento do navio de guerra.

Aporthètos – "inviolado". O termo muitas vezes se remete a território que não sofreu invasão inimiga.

Archonte – o posto de archonte era vitalício, e depois eles passaram a ser eleitos por dez anos e, mais tarde, anualmente. Claude Mossé aponta que a eles foram somados seis tesmótetas, o que elevava o total de archontes a nove. Após as reformas de Clístenes, foi também acrescentado um secretário responsável por coordenar o archontado em outros colégios de magistrados. Em 487/6 a.C., é estabelecido o sorteio para essa magistratura, na qual somente os três primeiros segmentos censitários poderiam participar, excluindo-se os cidadãos do segmento *thete*. Houve especialização das suas funções e por isso receberam denominações específicas:

Archonte-epônimo – presidia as cerimônias religiosas e acompanhava as ações judiciais antes de serem conduzidas ao tribunal dos Heliastas.

Archonte-rei – supervisionava os sacrifícios e toda a vida religiosa da cidade, assim como os processos que envolviam a esfera sagrada, analisando também a situação dos estrangeiros e metecos na cidade.

Argonautika – poesia épica escrita por Apolônio de Rodes no século III a.C.

Areté – virtude, coisa admirável no caráter do indivíduo.

Arkhé – termo grego que significa começo, princípio, origem; mas também razão pela qual algo foi gerado, ofício, comando, governo, reino, autoridade (*Cf.* Bölting, 1953, p. 112-113). Comando judicial e, mais geralmente, a carga envolvendo o exercício do poder. Também pode significar dominação. Neste livro, quando nos referirmos ao termo, estaremos mencionando a sua significação de autoridade e comando.

Asty – zona urbana da cidade, onde estão localizados os prédios administrativos, tais como o Pritaneu, a Ágora, os templos e santuários urbanos, o teatro e demais construções de cunho administrativo.

Autarkeia – *Cf.* Aristóteles. (Et. Nic. I: 1094a). Descreve a classificação de qual bem é o mais supremo, ou seja, o mais autárquico, mais independente, dentre os quais a atividade intelectiva seria a mais autárquica por ser a mais independente e autossuficiente de todas as atividades. Em A Política (VII: 1326 b), o estagirita comenta sobre a cidade, definindo que uma cidade com um número reduzido de habitantes não encontra meios de se tornar autossuficiente, tanto quanto a que possui excesso demográfico. Portanto, há necessidade de uma justa medida para que se possa administrar e governar. Em relação à produção de víveres, uma cidade ou uma propriedade deve produzir a medida exata para sua *autarkeia*, que encerra a vida feliz ou bom governo. Tais elementos devem também ser o referencial no autogoverno do homem livre, que deve viver segundo a justa medida das ações, tendo o mínimo para sua subsistência e evitando os excessos. Diante disso fica evidenciada a *autarkeia* do *ethnos*, na condução das ações individuais, e a *autarkeia* da cidade, na condução das coisas públicas. Ainda a propósito da conceituação de *autarkeia*, embora Aristóteles seja o mais visitado a propósito do termo, Platão também faz alusão à conceituação. Platão (Leis, IV: 704 c) irá se referir a uma economia de *autarkeia* dentro de um território, sendo fundamental que homens livres possam conduzir suas vidas.

ARQUEOLOGIA DO COMANDO NAVAL

Bárbaros – bruto, sem civilidade; aquele que não fala a língua grega e nem vive segundo os costumes helênicos.

Basileus – o sentido usual: rei. Em Atenas, o Basileus, chamamos archonte-rei, entre a sua competência estão as prerrogativas religiosas.

Campo de Experimentação Comparado – trabalho coletivo, e para que seja realizado de maneira adequada, faz-se necessário uma rede intelectual envolvendo pelo menos dois ou três campos de saberes distintos (*Cf.* Detienne, 2004, p. 47-48).

Centro de civilidade políade – local de onde emana o culto aos deuses e heróis míticos, estabelece-se monumentos perpetuando a memória dos ancestrais, reunindo todos os iguais em prol de um interesse comum.

Chora – faixa territorial políade que designa o espaço rural.

Civilidade – consciência histórica que carrega tudo que as tradições representam (*Cf.* Detienne, 2004).

Cleuruquia – assentamento de cidadãos que recebiam um pedaço de terra em território conquistado. Esses indivíduos conservavam todos os direitos de cidadania.

Configuração social – relações que as pessoas estabelecem umas com as outras dentro de um sistema comunitário.

Democracia – governo do *demos*; o *demos* era composto pelo corpo de cidadãos, massas populares da pólis.

Demos – comunidades locais que foram a base das reformas políticas de Clistenes. O *demos* era o pré-requisito para possuir uma cidadania em Atenas. Outros significados: cidadãos mais pobres; corpo de cidadãos adultos; constituição democrática; o povo de Atenas na Ekklesia.

Despothés – o senhor, patriarca.

Diké – no sentido geral: justiça. Para alguns autores, opõe-se à Themis: justiça com a lei divina. No vocabulário do julgamento, refere-se à ação judicial ajuizada por um indivíduo para queixas privadas.

Dracma – unidade monetária que tinha como referência mínima o óbulo; seis óbulos constituíam um dracma; 100 dracmas, uma mina; 60 minas, um talento. O dracma é também uma unidade de peso, 3 g no sistema ático.

Egos Pótamos – Em 406 a.c., Atenas obtém vitória sobre Esparta na Batalha de Arginousa. Derrotados, os espartanos ofereceram aos atenienses um acordo de paz, propondo que os dois lados mantivessem o que possuíam naquele momento. Após essa derrota, Esparta sela tratado com os persas, obtendo recursos financeiros para a construção de novos navios (Xenofonte, Helên., II, 1 1-21). Em 405 a.c., Esparta posicionou sua nova esquadra no Helesponto, de onde passou a atacar os navios provenientes do Mar Negro, que transportavam alimentos para Atenas. Os atenienses enviaram todos os seus meios navais disponíveis para enfrentar essa ameaça. O confronto final ocorreu em Egos Potamos, onde os espartanos e seus aliados conseguiram capturar a esquadra ateniense, passando a controlar o Egeu (Xenofonte, Helên., II: 2-3). Para Atenas, a perda do seu centro gravitacional de poder teve como consequência direta a interrupção do suprimento de trigo, vital para que a cidade pudesse continuar a lutar. A ameaça da fome e a escassez de meios para prosseguir com a guerra fizeram com que os atenienses se rendessem em 404 a.C. Pelas condições impostas, Atenas perdeu todas as suas possessões, entregou seus navios remanescentes aos espartanos e demoliu suas muralhas (Xenofonte, Helên., II, 2, 12-24).

Eisphorái – imposto sobre capital, muitas vezes recolhido quando a cidade estava em guerra. Esse imposto era cobrado principalmente por estrangeiros residentes na pólis, os metecos. Era cobrado de acordo com sua fortuna, pesando principalmente sobre os ricos. Em um primeiro momento, era levantado em casos excepcionais, como a guerra, e posteriormente torna-se constante a partir de meados do século IV a.C.

Eleuthéria – designa a liberdade.

Eleuthéroi – assim poderiam ser definidos os homens livres e totalmente autárquicos.

Emporia – portos mercantis que se dedicavam ao comércio marítimo. O Pireu foi um dos principais emporias do mundo mediterrânico (*Cf.* Mossé,

2004, p. 113). Para nós, entreposto comercial e militar que também funcionava como zona alfandegária e triagem. Nos emporias atenienses no século V a.c. era realizada a vigilância militar e recolhidas as *phourias*, além de oferecer o primeiro contato com a civilidade ateniense definindo quem poderia acessar o território marítimo ateniense e a Ágora Central da pólis.

Enktésis – o direito de possuir terras e casas. É um privilégio do cidadão que pode ser concedido a estrangeiros por decreto.

Epikleros – filha que herda a herança de seu falecido pai, quando não há nenhum filho. Ela deve casar-se com seus familiares e por sua vez transmite a herança a seu filho.

Eschatya – espaço selvagem, região além das culturas e domínios das fazendas que ocupam as planícies e vales da região: "depois da terra", cuja utilização é difícil, como montanhas e florestas; região inabitada e que raramente é visitada por pastores, lenhadores e carvoeiros (*Cf.* Rousset, 1994, p. 97). A *eschatyai* é regularmente vista como zona de fronteira políade que se configura como lugar inabitado. Sob nossa abordagem, trata-se de uma zona de fronteira na qual havia baixa circulação de pessoas, pastores, caçadores, algumas casas nucleadas e alguns mercadores que abasteciam os fortes e as pessoas que estavam e que habitavam o lugar.

Eschatya marítima – confins da zona territorial marítima, na qual estão localizados os emporias que demarcam os limites marítimos.

Espaços territorializados – podem ser evidenciados como lugares sagrados, quando são reconhecidos como centros de adoração e de práticas rituais sagradas.

Estratego – magistrado que deveria comandar o exército helênico. Em Atenas eram eleitos todo ano diretamente pelo voto do *demos*, podendo ser reeleitos.

Ethnos (plural: *ethnia*) – literalmente, "pessoas", "tribo"; em sentido contrário da pólis, refere-se a uma forma de organização política em que os homens das mesmas pessoas optaram por viver em aldeias como base (*kômai* que se reúnem em vários níveis).

Força – violência praticada sob respaldo de uma legislação ou norma social (*Cf.* Bobbio, 2000).

Fronteira – região limite na qual culturas distintas entram em contato. O conceito de fronteira é de difícil definição, mas pode ser estabelecido a partir de três concepções fundamentais, a saber: fronteira política (demarcada e reconhecida por tratados), fronteira natural (materializada nos acidentes naturais, tais como rios, mares, montanhas etc.) e fronteira antropológica (mentalizada culturalmente e ratificada por ritos de legitimidade no uso do território).

Fronteira antropológica – zona limite mentalizada culturalmente e ratificada por ritos que legitimam o uso do território.

Fronteira como espaço – zona de encontro entre duas regiões limítrofes, de exclusão entre duas regiões distintas, ou como barreira que impede a passagem, controlando o livre acesso.

Fronteira marítima – área delimitada que se diferencia dos confins demarcados pela natureza como último limite. No ambiente marinho há variações da margem continental e modificação das correntes que banham a costa. Muitas vezes o fluxo das marés e condições climáticas impossibilitam o acesso a portos, baías e enseadas.

Fronteira natural – zona limite materializada nos acidentes naturais: rios, mares, montanhas etc.

Fronteira política – zona limite demarcada e reconhecida por tratados.

Fronteiras marítimas atenienses – definem zonas limites classificando os locais de comércio e trocas no mar, assim como as zonas de navegação dentro da Koyna Délica. Os espaços marítimos eram delimitados pelos marinheiros a partir de representações geográficas úteis para traçar sua rota. As fronteiras marítimas atenienses são materializadas nos portos e emporias que se encontravam localizados nas *eschatyai* marítimas, demarcavam a territorialidade ateniense no mar criando uma fronteira antropológica. Detinham meios de comunicação semelhantes ao realizado nas fronteiras terrestres. Fortes, localizados em terra firme nas ilhas ou na costa continental, utilizavam-se de fogo e fumaça. As fortificações situadas próximas à costa e nas ilhas, guarnecendo os portos e emporias, serviam para sinalizar as embarcações que navegavam por meio de cabotagem. Com isso, permitiam combater a pirataria e dissuadir embarcações hostis fornecendo proteção aos navegantes.

Gaodikai – magistrados responsáveis por arbitrar litígios nos tratados firmados entre poleis, junto às zonas de fronteiras. Os *gaodikai* eram responsáveis por conciliar e intervir junto às partes litigantes na fase precedente ao julgamento de mérito do dissenso.

Guerra – conflito organizado e violento entre dois ou mais grupos políticos com finalidade de estabelecer a ordem e firmar seu poder político contra os demais (*Cf.* Bobbio, 2000).

Guerra de Troia – conflito de dez anos entre gregos e troianos, o conflito teria ocorrido, segundo os poemas épicos de Homero, por volta de 1200 a.C.

Guerra do Peloponeso – conflito entre helenos envolvendo a pólis dos atenienses e a pólis dos espartanos em uma guerra pela liderança política na Hélade, durou 27 anos, de 431 a 404 a.C.

Guerra Lelantina – no fim do século VIII a.C., Erétria e Cálcis travaram uma prolongada guerra, conhecida, por meio de relato de Tucídides (I: 15), como Guerra Lelantina. Erétria foi derrotada, em cerca de 700 a.C., perdendo suas terras na Beócia e suas dependências egeias.

Guerras Greco-Pérsicas – guerra entre helenos e povos persas ao início do século V, 490-479 a.C.

Hélade – palavra que designava todo o mundo grego e não uma única cidade, incluindo-se no termo o fator de identidade cultural.

Hippieis – segmento censitário formado por cidadãos com renda anual estimada em no mínimo 500 *médimnoi*.

Hoplita – soldado que integrava uma milícia cidadã e combatia munido de escudo circular, lança medindo 2,5 m, couraça, grevas e elmo de bronze. Em conjunto formavam a Falange Hoplita, corpo de infantaria pesada que combatia de maneira organizada e em fileiras de homens perfilados.

Horosthetai – juízes de fronteiras que atuavam na terceira instância de análise dos dissensos, caso não se chegasse a um consenso após a avaliação dos outros estágios.

Imaginação social – permite que os grupos políticos constituintes de uma sociedade tomem alguns elementos existentes no convívio social e na cultura local como constitutivos de suas identidades (Baczko, 1985, p. 302-309).

Imaginário social – dispositivo simbólico que influencia as práticas coletivas; atua em toda a vida coletiva, em especial a política. Não pode ser controlado de maneira intencional; ao circular entre determinado grupo comunitário, percebe, divide e elabora seus próprios objetivos (*Cf.* Baczko, 1985, p. 302-309).

Íon – Ionio é como os helênicos chamavam o Mar Jônico. Segundo Pierre Grimal, na versão de Pausânias, Íon é o herói que deu o nome aos iônios. Pertence à origem de Deucalião, filho de Xuto com Creusa, filha de Téssalia, por seus dois tios, Éolo e Doro, fixando-se na Ática, em Atenas. Quando morre seu sogro, Erecteu, Xuto é expulso da Ática e estabelece-se na costa do Peloponeso (no reino de Egialo, que mais tarde se tornou Acaia). Depois da morte de Xuto, seus dois filhos, Aqueu e Íon, separam-se. Aqueu retorna para a Tessália, enquanto Íon prepara-se para atacar os egialeus. Porém, o rei desse país oferece-lhe a filha Hélice em casamento e o designa como sucessor. Quando morre seu sogro, Selino, Íon assume o poder e funda uma cidade chamada Hélice, para homenagear a esposa, e batiza como iônios os habitantes do seu reino. Entretanto, os atenienses estavam em guerra com a população de Eleuses, e pediram ajuda a Íon e o nomearam seu líder. Íon atende ao apelo e morre na Ática. Em uma segunda versão, de Estrabão, Xuto, após se casar com a filha de Erecteu, funda na Ática a Tetrapole, composta por quatro territórios: Énoe, Maratona, Probalinto e Tricorintho. Íon submetia os trácios e esses feitos lhe geraram grande prestígio, levando os atenienses a fazerem-no seu rei. Íon dividiu a Ática em quatro tribos e organizou politicamente o território, que com a sua morte toma seu nome. Mais tarde, os atenienses enviaram uma colônia para Egíalo e deram a essa região o nome de Ionia. Em uma terceira vertente, Eurípedes escreve na tragédia *Íon* que o herói seria filho de Apolo e Creusa, filha mais

ARQUEOLOGIA DO COMANDO NAVAL

nova de Erecteu. Uniram-se em uma gruta da Acrópole e lá nasceu Íon. Porém, Creusa não quis criá-lo e o abandonou em um cesto no meio das rochas, acreditando que Apolo iria criar a criança. Hermes levou a criança para Delfos e a confiou à sacerdotisa do templo. Mais tarde, Creusa casa com Xuto, mas não geram filhos. Xuto e Creusa vão consultar o oráculo em Delfos. O oráculo aconselha-o a adotar a primeira criança que visse ao entrar no templo. Xuto, obedecendo, adota a primeira criança que vê, o filho de Creusa. Ela inicialmente não reconhece a criança e tenta inclusive envenená-la, mas ao visualizar o cesto reconhece o filho em que revivia o sangue dos erectidas (*Cf.* Grimal, 2000, p. 252-253).

Isegoria – mesmo direito à palavra.

Isonomia – igualdade perante as leis.

Kerameikos – bairro ateniense em que se situavam as olarias e oficinas dos ceramistas.

Kilyx – taça de cerâmica, própria para ingestão de vinho durante banquetes.

Kleros –grande quantidade de terra atribuída ao colono que se mudou; parte da terra que pode ser herdada na herança familiar.

Jogo – modo dependente das movimentações e articulações que os vetores políticos desenvolvem – seja em relação de uns com os outros, seja dos indivíduos com as instituições (Elias, 2007, p. 116).

Koyna Délica/Liga de Delos – confederação de poleis sob a liderança de Atenas com a finalidade de garantir a segurança da Hélade contra as invasões dos persas. Os membros desta coalizão de poleis pagavam tributos a Atenas em navios ou em dinheiro. Aliança militar que se configuraria mediante o envio de contingente, víveres, navios, armas ou recursos pecuniários em prol do interesse comum, *koyna*. Daí preferirmos utilizar o termo Koyna Délica em lugar de Liga de Delos.

Koynonia – vivência em prol de uma origem de ancestralidade étnica comum, poleis e Cidades-Estados helênicas firmavam alianças de cooperação, incluindo a militar (*symmachia*).

Kybernetes – marinheiro experiente e que era responsável por conduzir a embarcação no controle do seu leme.

Lei de Periandro – estabelecida em 357 a.c. permitia a divisão pecuniária da manutenção da *trierarchia* em Atenas.

Lekythos – vaso utilizado para armazenar óleos perfumados destinados ao cuidado do corpo, frequentemente utilizados nos ritos funerários. A forma característica do *lekycithos* é cilíndrica, delgada, com uma única alça e gargalo fino, para controlar a dosagem de óleo.

Liderança unipolar – alternativa ao termo "Imperialismo" (Candido, 2010, p. 7).

Liga do Peloponeso – confederação de poleis sob o comando de Esparta visando garantir a segurança dos helenos contra o domínio estrangeiro. Com a criação da Liga de Delos, comandada pelos atenienses, criou-se uma bipolaridade de poder na Hélade, em que Esparta dominava como potência terrestre e Atenas como potência naval.

Linguagem – conceito capaz de produzir interpretações de Civilidade (*Cf.* Detienne, 2000).

Liturgia – imposto pago aos cidadãos mais ricos de Atenas para financiamento de peças teatrais e despesas de funcionamento e manutenção de uma trirreme.

Médimnoi – medida ática para grãos, aproximadamente 54 litros.

Mentalidade de defesa – imaginário que percebia toda a Ática como um território que deveria ser defendido por todos os grupos que habitavam a região, tomados pelo sentimento de pertencimento e objetivos comuns (*Cf.* Ober, 1989, p. 294).

Mercenarismo – fenômeno em que problemas políticos, econômicos e agrários se relacionam diretamente com questões militares. O mercenarismo sobrevive às crises e turbulências políticas e paira além das vontades pessoais, pois ele é necessário em determinado quadro social. Quem o pratica, assim como quem o promove, são seus instrumentos passivos.

Memória – referencial do passado que se articula com o discurso mítico, entendido como narrativas de um tempo que não possui referencial histórico, mas que torna o passado sempre presente, pois serve como representação das *memórias coletivas*, identidades sociais (*CF.* Le Goff, 1990, p. 9).

Memória marítima – conjunto de elementos que preservam a vivência e os feitos dos homens junto à *thalassa*.

Meteco – emigrante, coabitante, estrangeiro residente, não cidadão que habitasse por mais de um mês a pólis. Os metecos estavam sujeitos ao serviço militar e aos impostos especiais, porém proibidos de possuírem grandes (muitas) propriedades agrárias.

Misthóphoros – soldado-mercenário, aquele que vende seus serviços de especialista nas armas.

Misthos – salário, ordenado, estipêndio, soldo, aluguel, honorário, pagamento por jornada trabalhada.

Nau – embarcação de guerra.

Naumachia – prática e treinamento marítimo a bordo de um trieres.

Nautai – marinheiro.

Nautai plethos – massa marítima.

Nautai-politai – marinheiros-cidadãos, aqueles que executavam o ofício na condição de participação cívica e não como meio de ganhar pecúnia.

Nautai-tekné – trabalho de uma cooperação voltada para as questões marítimas envolvendo os diversos segmentos sociais de um corpo comunitário, independentemente da sua origem. Essa cooperação gera o incentivo a tornar comum tripular e desenvolver trabalhos que contribuam para a manobra de uma embarcação.

Nautocracia – força marítima que se respalda no poder técnico de marinheiros.

Nautodikai – juízes responsáveis pelos litígios envolvendo navegantes.

Óbolo – unidade de peso e monetária de 0,72 g no sistema Ático. Os óbolos são múltiplos (dióbolo, trióbolo...) e subdivisões (hemióbolo, um quarto de óbolo).

Oikós – casa, lar; incluem-se neste conceito as propriedades e os escravos.

Orophilakes – guardas de montanhas ou patrulha da montanha, patrulhavam as fronteiras políades.

Ostracismo – punição na qual o cidadão deveria ficar fora da pólis e da vida política por um período de dez anos, sem que perdesse o direito sobre seus bens. O ostracismo irá surgir juntamente com a instauração das reformas democráticas de Clístenes. Em conformidade com José Antônio Dabdab Trabulsi, da criação da lei ao estabelecimento da sua primeira aplicabilidade, teriam se passado 20 anos. Embora alguns autores, como Beloch, duvidem se a lei é proveniente do período clistêmico, documentos produzidos por autores na Antiguidade afirmam com precisão o primeiro sentenciado. Aristóteles (Const. de At. XXII) irá apontar que Hiparco, filho de Carmo, foi a sua primeira vítima e que a lei teria sido criada por Clístenes. As disposições da lei sobre o ostracismo constituíam-se da seguinte maneira: durante a assembleia da sexta pritania, tinha lugar um voto de braço suspenso para saber se o *demos* queria uma *ostrakophoria* (*Cf.* Hansen, 1983, p. 8; argumento sem provas da admissibilidade). Caso a *ostrakophoria* fosse aceita, tinha então lugar a segunda votação, que era secreta e deveria contar com um quórum de 6.000 cidadãos, de modo a evitar que fosse um anseio popular e não uma votação partidária. Algumas proeminentes personalidades, como Xantipo, Aristides e Temístocles, foram penalizadas com o ostracismo, pois haviam adquirido grande prestígio e gozavam da confiança do povo (*Cf.* Mossé, 1985, p. 30). Os acusados teriam seus nomes escritos em uma *ostraka* (caco de cerâmica, de onde advém o termo ostracismo), e os cidadãos eram chamados a depositar o *ostrakon* em uma urna, na qual o mais regularmente votado seria ostracizado.

Ostrakos – cerâmica, caco de cerâmica em que era escrito o nome do condenado a ostracismo.

Paniónio – referência a Íon, o herói que deu origem a todos os jônios (iônicos). Segundo Pierre Grimal, Íon é pertencente à estirpe de Deucalião, é sobrinho de Doro e Éolo e filho de Xuto e Creusa, filha de Erecteu. Ainda conforme Pierre Grimal, Iônio é quem dá origem ao nome do Mar Jônio. Iônio era filho de Dírraco, que sofria o ataque de seus irmãos quando Herácles passou pelo seu reino e o socorreu. No combate, o herói matou por acidente o filho de um aliado seu. O cadáver foi atirado no mar, que tomou, então, o nome de Mar Jônio (*Cf.* Grimal, 2000, p. 252-254).

Peá – canto de batalha.

Peltastas – soldado da infantaria ligeira, combatia com um escudo feito de vime e coberto com couro (pelte). Antes e durante o século V a.C., tinha como principal função fustigar o inimigo; no século IV a.C., tornou-se uma importante força de combate.

Pentakosiomédmnoi – segmento social formado por pessoas com rendimentos anuais superiores a 500 *médmnoi* de cereais. Era o segmento com maior recurso financeiro, seguido por *hippieis* (300-500 *médimnoi*), *zeugitas* (200-300 *médimnoi*) e *thetes* (menos de 200 *médimnoi*).

Peripoloi – significa caminhar ao redor. *Peripoloi* era também como definiam os efebos e os guardas das fronteiras que realizavam patrulhamento a pé ao redor dos limites territoriais da pólis.

Philia – amizade; companheirismo, fé jurada.

Phóriai – tributos pagos a Atenas por suas aliadas pela manutenção do *arkhé*.

Pireu – porto de Atenas e principal porta de acesso à pólis. Lugar com identidade e memória do segmento *thete*, "filtro" de civilidade para acesso à Ágora ateniense.

Ployon – navio pesqueiro ou mercante.

Poder – capacidade de um sujeito influenciar, condicionar e determinar o comportamento de outro sujeito (*Cf.* Bobbio, 2000).

Poder constituinte – capacidade de sublevação contra o poder político. O poder constituinte não deseja se tornar o poder político (*Cf.* Negri, 2002).

Poder marítimo – termo polissêmico, contudo um dos primeiros a buscar uma definição para o conceito foi Alfred Tayer Mahan, que, entre 1879 e 1914, escreveu dezenas de livros sobre história e estratégia navais, sendo *The Influence of Sea: Power upon History 1660-1783*, de 1890, o mais significativo. Nele, Mahan passou a discutir os seis elementos que afetavam o poder marítimo, que seriam a posição geográfica, a conformação física, a extensão territorial, o tamanho da população, o caráter nacional e o tipo de política governamental. As guerras ocorridas no mar entre 1660 e 1783 serviram para confirmar suas proposições em todo o decorrer do livro. Outras obras de Mahan seguiram-se: *The Influence of Sea Power upon the French Revolution and Empire*, de 1892, e *Naval Strategy compared and contrasted with the principles and practice of military operations on land*, de 1911. Nessas obras, o autor norte-americano procurou demonstrar mais uma vez a pertinência de suas conclusões. Outros livros de Mahan tiveram importância, podendo ser mencionados *Retrospect and Prospect*, de 1902, e *Naval Administration and Warfare*, de 1908. Sua concepção está assentada em conceitos muito bem definidos no seu primeiro livro, de 1890. Definiu que o poder marítimo seria integrado por dois elementos de natureza distinta, os interesses marítimos e o poder naval. Os primeiros congregavam valores econômicos e sociais, e o segundo, valores políticos e militares (Almeida, 2008, p. 5-6).

Poder político – poder que o Estado detém sobre seus cidadãos e suas instituições (*Cf.* Bobbio, 2000).

Poder político legítimo – Poder político nas mãos dos cidadãos sem intermediações e representatividade.

Polemarco – comandante do conselho de estrategos.

Pólis – Cidade-Estado independente. Todas as poleis tinham sua própria constituição, seus critérios de cidadania e seus modelos e sistemas de cunhagem.

Política – o termo que deriva do sentido aristotélico de vida em comunidade e bem comum. Porém, também possui estreita relação com o conceito de Poder. Geralmente se usa o conceito de Política para designar a esfera das ações que tem alguma referência à conquista e ao exercício de um poder soberano numa comunidade (*Cf.* Bobbio, 2000).

Proxenia – patrono de um meteco, quando este solicitava permissão para viver na pólis, o proxeno respondia por ele. Noutra perspectiva, hospedeiro público, escolhido por uma cidade entre os cidadãos de outra cidade, para acolher e ajudar seus cidadãos de passagem nessa cidade.

Referenciais de fronteiras marítimas – encontram-se atrelados à atuação mercantil e bélica dos trieres atenienses e portos localizados em pontos periféricos da sua territorialidade.

Representações – quando mencionamos o conceito de Representação, nos referimos à reunião de signos coletivos, os quais são capazes de tornar os imaginários sociais inteligíveis e comunicáveis (Baczko, 1985, p. 310).

Segmentos censitários – grupos sociais que podem ser definidos segundo a renda. Os segmentos censitários atenienses foram estabelecidos por Sólon ao final do século VI a.C. segundo a renda. Verticalmente definidos segundo a capacidade econômica em uma relação de cima para baixo. Eram eles: Petasicomedimnoi, Hippieis, Zeugitai e Thetai.

Segunda Liga Ateniense – coalização marítima helênica criada em 378 a.C. com finalidade de se opor ao domínio lacedemônio das cidades membros: Quíos, Tebas, Bizancio, Metina, Mitilene, Rodes, Cálcidia e cidades da ilha da Eubeia.

Seisachteia – fardo; pesava sobre aqueles que perdiam condição de livre por não pagarem as dívidas ou tornavam-se *hectémoroi*, tendo a obrigação de pagar o sexto de sua colheita ao arrendatário. A *seisachteia* foi abolida por Sólon em 594 a.C.

Sicofanta – cidadão, em Atenas, que faz acusações públicas contra aqueles que potencialmente podem prejudicar os interesses da cidade e espera ganhar o lucro pessoal caso o acusado seja condenado.

Sismorias – se referia ao grupo que seria cobrado pelo imposto de guerra, *eisphorá*, apenas para cumprir despesas adicionais. (*Cf.* Claude Mossé, 2004, p. 257).

Teia de interdependência – como os homens admitem se relacionar através de posturas políticas ou práticas sociais diferenciadas das suas, sem perder a identidade.

Thalassa – como os gregos denominavam o mar.

Thalassocracia – poder marítimo que se estabelece a partir de uma força bélica no mar, permitindo a realização do comércio e dissuadindo inimigos e piratas no mar.

Termastai – juízes de fronteiras responsáveis por corrigir os limites fronteiriços.

Terra de Ninguém – zona de exclusão entre dois espaços limites, assim também poderia se denominar o território da *eschatya* entre os helenos.

Thalamiai – remadores dos níveis mais baixos, a bordo de um trieres.

Themis – justiça divina.

Tesmótetas — encarregados de realizar um exame anual das leis, podendo suprimi-las ou modificá-las (*Cf.* Mossé, p. 2004, p. 38-39).

Thetes – cidadãos do último segmento censitário, que recebiam menos de 200 *médimnoi* por ano. Não possuíam propriedade agrária e viviam do pagamento de *misthos* pela jornada trabalhada. Tiveram sua identidade relacionada à armada ateniense, pois a maioria dos integrantes desse segmento censitário atuava como remadores nos trirremes.

Timé – honra, valor.

Tranitai – remadores que remavam no nível mais alto da trirreme e, por-tanto, tinham que puxar os remos mais altos com ângulos mais agudos. Os tranitais ganhavam mais que os remadores das fileiras abaixo.

Trierarcha – magistrado que comandava um trirreme, cidadão abastado escolhido para financiar a construção e manutenção dessa nau de guerra. O trierarca também figura como "elo" político entre remadores *thetes* e a aristocracia ou oligarquia.

Trieres – embarcação de guerra com propulsão a vela e a remo de 170 remadores divididos em três fileiras sobrepostas. Era a mais avançada nau de combate no século V a.C. e era armada com um aríete de ferro ou bronze na ponta.

Violência – infração às leis ou convenções estabelecidas, ato de violência física praticado por quem não está autorizado por um sistema legislativo ou normativo (*Cf.* Bobbio, 2000).

Violência estrutural – violência praticada pelas instituições do estado para controlar e manter a ordem sobre seus cidadãos. Estão incluídas na violência estrutural as relações entre poderosos e não poderosos, ricos e pobres (*Cf.* Bobbio, 2000).

Xenia – ritos de hospitalidade e amizade que visam à reciprocidade entre aqueles que possuem laços de interdependência, em que os iguais devem se ajudar e respeitar mutuamente.

Xenodikai – juízes responsáveis por analisar casos que envolviam estrangeiros.

Xénoi – estrangeiro, amigo, hóspede, alguém a quem, por meio dos laços de amizade, decorrem direitos e deveres recíprocos perante os deuses.

Yperisiai – Estado-Maior do *trierarcha*.

Zeugita – indivíduos do terceiro segmento censitário ateniense que recebiam até 300 *médmnoi* e eram donos de uma pequena propriedade.

Zigyai – remadores do nível intermediário, ou segundo nível de remadores a bordo de um trieres.

Zona de fronteira – área de exclusão entre duas forças políticas. Ver fronteiras terrestres.

Zonas de fronteiras – lugar no qual dois limites se encontram mantendo contato entre as civilidades, estabelecendo zona de identidade entre os grupos políticos que ali se estabelecessem.

Zonas de fronteiras marítimas – faixa de fronteira que se estende antropologicamente da terra para o mar, como projeção de poder. A zona de fronteira marítima abriga uma zona econômica com suas rotas comerciais.